____________ 학교 ___ 학년____반____________ 의 책이에요.

전 세계가 인정한 우리의

세계유산

세계유산이란, '세계유산협약'에 따라 인류 전체를 위해 보호해야 할 가치가 있다고 인정되는 세계 여러 나라의 유산 가운데 유네스코에 등록된 유산을 말해요.

최근 전 세계적으로 자연재해나 전쟁 등으로 파괴될 위기에 처한 인류의 유산이 늘어나고 있어요. 이를 미리 방지하고 보호하고자 1978년부터 유네스코의 세계유산위원회에서는 보호해야 할 가치가 있는 유산들을 세계유산으로 지정하고 있답니다.

인류 전체를 위해 보편적인 가치가 있다고 인정하는 유산을 중심으로 지정하다 보니, 각 나라의 문화와 역사를 대표하는 유산인 경우가 많아요. 따라서 각 나라의 세계유산을 알아보는 일은 곧 그 나라의 고유한 문화를 알 수 있는 지름길이지요.

우리나라는 현재 석굴암과 불국사, 해인사 장경판전, 종묘, 창덕궁, 수원 화성, 경주역사유적지구, 고창·화순·강화 고인돌유적, 제주 화산섬과 용암동굴, 조선왕릉, 한국의 역사마을 : 하회와 양동, 남한산성, 백제역사유적지구와 산사 한국의 산지승원이 등재되어 있답니다. 그리고 세계기록유산으로는 훈민정음, 조선왕조실록, 직지심체요절, 승정원일기, 조선왕조의 의궤, 해인사 고려대장경판 및 제경판, 동의보감, 일성록, 5.18민주화운동 기록물, 난중일기, 새마을운동 기록물, 한국의 유교책판, KBS특별생방송 '이산가족을 찾습니다' 기록물, 조선왕실 어보와 어책, 국채보상운동 기록물, 조선통신사 기록물이 등재되었어요.

또한 인류무형문화유산으로는 종묘제례 및 종묘제례악, 판소리, 강릉단오제, 강강술래, 남사당놀이, 영산재, 제주칠머리당 영등굿, 처용무, 가곡, 대목장, 매사냥, 줄타기, 택견, 한산모시짜기, 아리랑, 김장문화, 농악, 줄다리기, 제주해녀문화가 있답니다.

이 책에서는 우리나라의 세계유산 중 하나인 창덕궁에 대해 알아볼 거예요.

세계문화유산

종묘

수원화성

창덕궁

고창·화순·강화의 고인돌유적

석굴암과 불국사

해인사 장경판전

경주역사유적지구

백제역사유적지구

세계기록유산

조선왕조실록

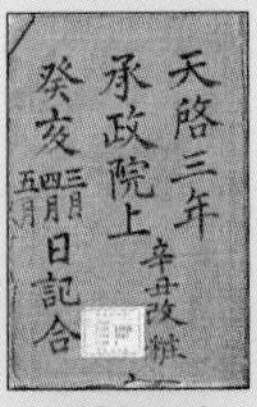

승정원일기

직지심체요절

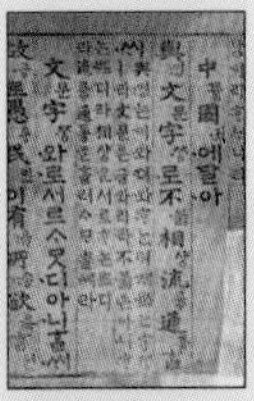
훈민정음

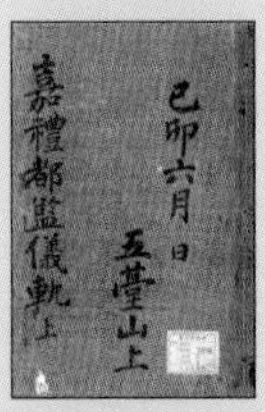

조선왕조 의궤

해인사 고려대장경판과 제경판

동의보감

일성록

세계무형유산

종묘제례와 제례악

판소리

강릉단오제

세계자연유산

제주도 화산섬과 용암동굴

신나는 교과 체험학습 31

자연을 담은 궁궐 속으로 창덕궁

초판 1쇄 발행 | 2007. 7. 16.
개정 3판 5쇄 발행 | 2021. 12. 11.

글 허균 | **그림** 윤혜원 이종호

발행처 김영사 | **발행인** 고세규
등록번호 제 406-2003-036호 | **등록일자** 1979. 5. 17.
주소 경기도 파주시 문발로 197(우10881)
전화 마케팅부 031-955-3100 | **편집부** 031-955-3113~20 | **팩스** 031-955-3111
사진 국립고궁박물관

값은 표지에 있습니다.
ISBN 978-89-349-9644-6 64000
ISBN 978-89-349-8306-4 (세트)

좋은 독자가 좋은 책을 만듭니다. 김영사는 독자 여러분의 의견에 항상 귀 기울이고 있습니다.
전자우편 book@gimmyoung.com | 홈페이지 www.gimmyoungjr.com

※**사진 출처** 허균, 주니어김영사, 유철상, 고려대학교 박물관

어린이제품 안전특별법에 의한 표시사항

제품명 도서 **제조년월일** 2021년 12월 11일 **제조사명** 김영사 **주소** 10881 경기도 파주시 문발로 197
전화번호 031-955-3100 **제조국명** 대한민국 ⚠**주의** 책 모서리에 찍히거나 책장에 베이지 않게 조심하세요.

자연을 담은 궁궐 속으로

창덕궁

글 허균 그림 윤혜원 이종호

주니어김영사

차례

창덕궁에 가기 전에

미리 준비하세요

1. 준비물 《창덕궁》 책, 사진기, 필기도구, 마실 물

2. 옷차림 창덕궁을 둘러보는 데는 한 시간 이상 걸리니, 가벼운 옷차림에 운동화가 좋아요.

미리 알아 두세요

일반 관람
관람 시간

관람기간	매표 및 입장시간	관람 시간
2~5월	09:00 ~ 17:00	09:00 ~ 18:00
6~8월	09:00 ~ 17:30	09:00 ~ 18:30
9~10월	09:00 ~ 17:00	09:00 ~ 18:00
11~1월	09:00 ~ 16:30	09:00 ~ 17:30

*매주 월요일은 문을 열지 않아요.
*창덕궁은 정해진 시간에 직원들의 안내에 따라 관람할 수 있어요.

관람 요금 만 24세 이하, 만 65세 이상 무료 | 만 25세~만 64세 3,000원

특별 관람
관람 시간

언어	시간	소요시간
한국어	**1, 2, 11, 12월** : 10:00, 11:00, 12:00, 13:00, 14:00, 15:00	60분
	3, 4, 5, 9, 10월 : 10:00, 11:00, 12:00, 13:00, 14:00, 15:00, 16:00	
	6, 7, 8월 : 10:00, 11:00, 12:00, 13:00, 14:00, 15:00, 16:00, 16:30	
영어	10:30, 11:30, 14:30, 15:30(2~11월)	
중국어	12:30	
일어	13:30	

*후원 특별 관람은 안내원의 안내에 따라만 관람할 수 있어요.

관람 요금 소인(만 7~18세) 2,500원 | 성인(만 19세 이상) 5,000원

문의 02-3668-2300 / 홈페이지 www.cdg.go.kr

주소 서울시 종로구 율곡로 99번지

가는 방법 지하철 3호선 안국역 3번 출구로 나와 5분간 쭉 직진하면 창덕궁의 정문이 나옵니다.

*관람 시간 및 관람 요금은 변경될 수 있으니 창덕궁 홈페이지에서 다시 한 번 확인하세요.

창덕궁은요……

조선 시대를 대표하는 법궁*은 태조가 지은 경복궁이에요. 하지만 경복궁은 임진왜란이 일어난 1592년 불타버려 270여 년간 폐허로 방치됐어요. 그동안 경복궁 대신 조선의 법궁 역할을 한 것이 바로 창덕궁이랍니다. 창덕궁은 조선 3대 왕인 태종이 창건해 조선의 마지막 왕인 순종이 돌아가실 때까지 무려 520여 년간 조선 역사의 중심에 있었어요.

창덕궁은 아름다운 정원을 가진 궁궐로 유네스코 세계 문화유산으로 지정됐어요. 특히 자연의 능선을 그대로 살린 후원은 우리나라 사람들의 평화로운 성품을 잘 보여 주고 있답니다.

조선의 마지막 왕이 숨을 거둔 곳, 500년 조선의 역사를 간직한 곳, 그리고 궁궐의 보호를 위해 최근까지 관람이 제한되었던 창덕궁. 우리 함께 그 파란만장한 역사의 자취를 따라가 볼까요?

법궁* : 왕이 주로 머무는 궁궐로, 한 나라를 대표하는 궁궐을 뜻해요.

창덕궁의 역사

서울에는 조선 시대에 지은 경복궁, 창덕궁, 창경궁, 덕수궁, 그리고 경희궁이 있어요. 이 다섯 궁궐 중 경복궁이 제일 먼저 지어졌고, 창덕궁이 그 다음에 완성됐지요.

조선의 태조 이성계는 서기 1392년에 고려를 무너뜨리고 조선을 건국하면서 지금의 서울인 한양 땅에 경복궁을 지었어요. 드디어 한양을 도읍지로 삼은 새로운 조선이 탄생한 거예요. 그런데 조선의 두 번째 왕인 정종은 다시 고려의 옛 서울인 개성으로 돌아갔습니다. 왕자의 난이 일어나 형제끼리 왕권을 두고 피비린내 나게 싸운 한양이 싫어서였지요. 그러나 얼마 안 있어 3대 임금인 태종이 즉위했고, 다시 도읍을 한양으로 옮기게 되었습니다. 이 때 태종의 명으로 경복궁 동쪽에 지은 궁궐이 창덕궁이에요.

한양에 창덕궁을 지을 때 태종은 신하들에게 이렇게 말했어요.

"개성은 왕씨 성을 가진 고려 사람들이 살아 온 도읍이므로 조선의 왕은 이곳에 있을 수 없다. 그런데도 조선의 왕이 개성에 머물러 있는 것은 조선을 세우신 태조의 뜻을 거스르는 것이다. 한양은 조선의 창건지이며 종묘와 사직이 있는 곳이므로 그곳에 살지 않는 것은 효도가 되지 못한다. 그래서 올 겨울에 내가 한양으로 옮겨갈 것이니 그곳에 궁궐을 짓도록 하라."

태종은 즉위 4년(1404) 7월에 창덕궁을 짓기 시작해 1년 만인 태종 5년(1405) 10월에 완공했어요. 그리고 이름을 창덕궁이라고 지었지요. 태종 11년(1411)에는 창덕궁에 진선문, 금천교를 짓고, 그 이듬해에는 창덕궁의 정문인 돈화문을 만들어 창덕궁은 완전한 모습의 궁궐로 탄생하였어요.

그 뒤 창덕궁은 임진왜란 때 폐허가 되었고, 광해군 때 다시 지었지요. 그런데 인조반정 때 또 큰 불이 나서 인정전만 남는 수난을 당했지만, 다시 여러 전각들을 재건하여 본래의 모습을 되찾았답니다.

경복궁에 머물던 고종 황제가 경복궁 자경전에 불이 나면서 창덕궁으로 옮겨 왔어요. 그 뒤 고종 황제가 머무는 10년 동안 창덕궁은 많은 것이 변했어요. 그러나 고종 황제는 이곳에서 임오군란과 갑신정변 등을 겪고 다시 경복궁으로 옮겨 갔고, 창덕궁은 잠시 역사의 중심에서 비껴나게 됐어요.

창덕궁이 다시 활기를 찾은 건 광무 11년, 순종이 즉위한 뒤의 일이에요. 그러나 이미 황실의 권위는 땅에 떨어졌고, 창덕궁도 일제 침략자들이 연회를 여는 장소가 돼버렸어요. 일본인 고관들은 인정전, 희정당, 주합루 등을 모임 장소로 사용했고, 창덕궁 후원은 학생들의 운동회장이 되기도 하였지요.

결국 1910년 8월, 순종은 이 창덕궁에서 마지막 어전 회의를 열고 대한제국의 통치권을 일본에 빼앗기고 말아요. 오백 년 궁궐 창덕궁은 마지막 왕 순종이 쓸쓸한 여생을 보내는 슬픈 운명의 궁궐이 된 거예요.

이런 역사적 수난을 겪었지만 창덕궁은 그 후원과 함께 유네스코 세계 문화유산으로 등록된 자랑스러운 우리 궁궐로 남아 있어요.

한눈에 보는 창덕궁

자, 창덕궁을 살펴보세요.
다른 궁궐 지도와는 뭔가 다른 것이 보이나요?
건물이 있는 궁궐보다 초록색 지역이 유난히 많지요?
창덕궁은 평지에 지어진 다른 궁궐과 달리
북한산 매봉 기슭에 세워졌어요.
창덕궁은 궁궐의 면모도 훌륭하지만 자연 그대로의
산세를 살린 아름다운 후원이 더 유명하답니다.
자연과 건축이 물 흐르듯 조화를 이뤄
세계 문화유산으로 보존되고 있는 창덕궁,
지금부터 함께 둘러보아요.

돌아보는 순서

일반 관람은 직원의 안내를 잘 따르면 돼요. 자유 관람일 때는 미리 코스를 정하고 출발해야 지치지 않고 모두 둘러볼 수 있어요.

❶돈화문 → ❷금천교 · 진선문 → ❸인정전 → ❹선정전 →
❺희정당 → ❻대조전 → ❼낙선재 → ❽부용지 · 부용정 →
❾주합루 · 영화당 → ❿금마문 · 기오헌 · 의두각 → ⓫불로문 →
⓬애련지 · 애련정 → ⓭연경당 → ⓮관람정 · 존덕정 →
⓯옥류천 → ⓰청의정 → ⓱향나무

북
동
서
남
⓰청의정
⓯옥류천
⓮존덕정
반도지
⓮관람정
⓭연경당
⓬애련정
⓬애련지
⓫불로문
⓾금마문
⓾기오헌 · 의두각
❾주합루
❾영화당
❽부용지
❽부용정
❻대조전
❺희정당
❹선정전
❼낙선재
❸인정전
인정문
숙장문
향나무
❷진선문
❷금천교
나오는 곳
❶돈화문
들어가는 곳

창덕궁의 문과 전각들

창덕궁에는 많은 문과 많은 전각들이 있어요. 전각은 크게 외전과 내전으로 나뉘어요. 외전은 왕이 나랏일을 보는 곳으로 나라의 큰 행사가 열리는 정전, 평상시 나랏일을 보는 편전으로 구성되어 있어요.

내전은 왕과 왕비 그리고 그 가족들의 생활이 이루어지는 곳으로, 왕과 왕비의 침소가 있는 곳이지요. 내전에는 왕과 왕비의 생활을 돕는 상궁이나 궁녀 같은 사람들이 사는 건물들도 있어요.

그 밖에 창덕궁에는 왕실의 업무를 보는 여러 관아들도 있었어요.

그럼, 지금부터 아름다운 창덕궁 건물들을 하나하나 둘러보아요.

창덕궁의 정문 돈화문

돈화문은 5칸이에요

경복궁의 광화문, 창경궁의 홍화문, 경희궁의 흥화문, 경운궁의 대한문은 3칸짜리 문이에요. 옛날에는 중국의 황제만 5칸짜리 대문을 쓸 수 있었기 때문에 우리나라는 3칸짜리 궁궐문을 지었죠. 그런데 유독 돈화문만 5칸짜리 문이라 아주 웅장해요. 태종과 조선 왕들의 자주 의식을 엿볼 수 있는 부분이지요. 하지만 결국 중국의 눈치를 보느라 두 개의 문을 닫아 둔 것이 아쉬워요.

경복궁 광화문

경운궁 대한문

자, 이곳은 창덕궁의 정문인 돈화문이에요. 돈화문은 우리나라에 남아 있는 궁궐 정문으로는 제일 오래됐지요. 돈화문은 태종 12년(1412)에 처음 세워졌지만 임진왜란 때 불타고, 광해군 원년(1609)에 다시 지었어요. 그때 돈화문을 2층으로 지었는데, 수문장들이 2층에서 창덕궁을 지키게 하기 위해서였어요.

이번에는 문 아래에 있는 계단을 보세요. 일제 강점기 때 일본 사람들은 자동차가 쉽게 다니게 한다는 이유로 이 계단을 흙으로 덮어 버렸어요. 그런 상태로 내내 버려져 있던 것을 최근에 흙을 걷어 내고 제 모습을 찾아 줬으니 다행한 일이에요.

창덕궁을 지키는 회화나무

이제, 돈화문 안쪽에 들어오셨죠? 창덕궁의 정문인 돈화문 왼쪽과 오른쪽에 큰 고목이 무성하게 자라고 있어요. 이 나무가 바로 회화나무예요. 그런데 왜 이렇게 많은 회화나무를 심었을까요?

이야기는 아주 먼 옛날 중국의 주나라로 올라가요. 유교 사상가들은 중국의 '주'나라를 가장 이상적인 고대 국가라고 여겼고, 많은 제도를 따라했어요. 옛날 주나라에서는 궁궐의 정문과 정전의 대문 사이에 회화나무를 심었다고 해요. 그 나무 밑에서는 주나라의 가장 높은 신하 3명이 오는 이를 반갑게 맞이했지요. 이런 전통을 살려 우리나라에서도 궁궐 입구에 회화나무를 심은 거예요. 창덕궁의 돈화문과 인정문 사이에 회화나무가 많은 이유를 알겠지요?

회화나무
궁궐에서 흔히 볼 수 있는 나무예요.

왕을 만나러 가는 길, 금천교와 진선문

돈화문을 들어서서 북쪽으로 조금 가다가 동쪽으로 90도 꺾으면 금천교에 이르러요. 궁궐에서는 왕이 있는 **정전**에 가기 전에 반드시 **명당수**를 건너야 해요. 궁궐에서 명당수가 흐르는 개천을 금천이라고 하는데, 금천교가 바로 이 명당수를 건너는 다리예요.

정전
왕이 밖으로 나와 조회를 하거나 큰 행사를 진행하던 건물이에요.

명당수
왕이나 신하가 다리를 건널 때마다 마음을 씻으라는 의미가 담겼어요.

금천교를 건너자마자 만나는 문이 진선문이에요. 진선문을 풀이하면 '착한 말을 올리다.' 라는 뜻이 돼요. 이런 이름에 걸맞게 영조가 이 곳에 '신문고'를 다시 설치했어요. 신문고는 억울한 일을 당한 백성이 북을 두드려 왕에게 직접 호소할 수 있게 한 제도예요. 처음 태종이 실시한 제도인데 연산군 때 폐지되고, 이때 다시 설치됐지요.

옛날에는 진선문 좌우에 행각이 있고 거기에 정색과 전설사라는 관아가 있었어요. 정색은 '정빗'이라고도 하는데, 궁궐 안 군인들의 무기나 장비를 관리하는 곳이에요. 전설사는 궁궐에서 잔치 등 크고 작은 일들을 치를 때 쓰는 차일을 관리하거나 마당에 설치하는 일을 맡아 하는 관아지요. 나라의 큰 행사가 있을 때 신속하고 빠르게 처리하기 위해서였지요. 그럼, 이제 진선문 안으로 들어가지요.

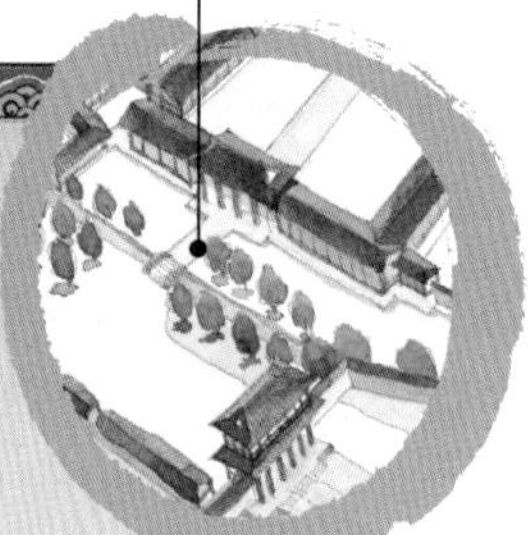

금천교가 동쪽으로 놓인 까닭

보통 궁궐은 정문에서 정전까지 일직선상으로 지었어요. 그리고 금천교는 정전을 향해 놓였지요. 하지만 창덕궁의 금천교는 정문에서 오른쪽으로 꺽어져 있답니다. 이유가 뭘까요? 창덕궁은 매봉 기슭의 경사면에 지었는데 자연 그대로를 살리려면 궁궐 배치를 바꿔야 했지요. 형식보다는 자연미를 사랑한 조상의 미의식을 보여 주는 다리랍니다.

금천교
예전에는 이곳에서 청계천으로 흐르는 물이 있었다고 해요.

진선문
금천교를 건너면 진선문이 나와요. 일제 강점기 때 헐렸던 것을 다시 지었어요.

금천교 돌다리 밑의 거북이

금천교를 자세히 보면 다양한 문양과 조각으로 꾸며져 있어요. 이런 조각 하나하나에도 뜻깊은 의미가 담겨 있답니다.

먼저 진선문을 바라보고 왼쪽에 있는 다리 아래를 보세요. 다리 아래에 북쪽을 향하고 있는 거북이 모양의 석상을 볼 수 있어요. 머리를 북쪽 방향으로 두고 있는 이 석상이 현무예요. 현무는 사신, 즉 청룡, 백호, 주작, 현무 중의 하나로 북쪽의 별자리를 나타내는 상상의 동물이지만, 여기서는 궁궐의 북쪽을 지키는 신령스러운 동물로 봐도 좋아요. 다리 남쪽에도 동물 석상이 하나 있는데, 이것을 해치라고 해요. 보통 남쪽을 향해 있는 해치는 정의를 지키고 나쁜 기운을 물리치는 상상의 동물이에요. 이번에는 해치와 현무 위쪽을 보세요. 얼굴이 험상궂은 귀신 얼굴이 돌에 새겨져 있는 것을 볼 수 있죠? 이것을 귀면이라고 해요. 귀면도 해치와 마찬가지로 개천을 타고 침입할지도 모르는 악귀를 막는 역할을 하고 있어요.

나라의 큰 행사가 열리던 인정전

진선문을 나와 왼쪽으로 돌아서면 인정문이 보여요. 인정문을 들어서면 화강암 월대 위에 웅장한 모습의 인정전이 나타나지요. 인정전은 창덕궁에서 가장 오래되고, 가장 중요한 건물로 국보로 지정돼 있어요. 이 곳에서는 왕의 즉위식, 세자 책봉, 왕족의 혼례, 회갑 잔치, 외국 사신 맞이나 배웅처럼 국가적인 행사가 벌어졌어요. 효종, 숙종, 영조, 순조, 철종, 고종 등이 이곳에서 즉위식을 거치고 왕위에 올랐고, 나라에 큰 공을 세우고 돌아온 장수의 공로를 축하하는 행사도 벌어졌어요. 때로는 벼슬자리에서 물러난 신하들을 위로하는 잔치가 이 마당에서 베풀어지기도 했지요.

인정전 왼편과 오른편에는 길게 연결된 작은 방들도 볼 수 있어요. 이 곳에는 인정전에서 행사가 벌어질 때 쓰던 악기를 보관했고 왕의 붓과 벼루를 보관했었답니다.

오얏꽃의 의미

대한 제국에서는 오얏꽃(오이꽃) 문양을 황실의 문양으로 즐겨 사용했어요. 조선 왕가의 성인 이(李:오얏 리)에서 생겨난 꽃이지요. 그런데 일본인들이 이 무늬를 즐겨 사용한 것은 무슨 이유일까요? 조선 왕조를 일개 가문의 정권으로 낮추려는 의도지요. 그래서 창덕궁 곳곳에 오얏꽃 무늬가 보여요. '이조(李朝) 시대'라는 표현도 조선을 '이씨'의 조선으로 낮추는 의미이므로 쓰지 않는 것이 좋아요.

품계
옛날에는 신하의 등급을 '품'으로 나누었어요. 품계는 신하의 등급을 의미해요.

어좌
왕의 의자라는 뜻으로 왕의 자리를 말해요.

인정전
나라의 큰 행사를 치르던 곳이에요. 주변 행각에는 행사를 주관하는 관아가 있었어요.

인정전 마당의 품계석

인정문 돌마당에 울쑥불쑥 솟아 있는 돌들이 보이죠. 정일품, 정이품 글씨가 새겨져 있는 이 돌을 품계석이라고 해요. 인정전에서 큰 행사가 벌어질 때 정일품에서 종구품까지 신하들이 자신의 품계에 맞춰 줄지어 설 수 있도록 표시한 돌이에요. 품계석은 주로 궁궐의 정전 앞에 있는데, 경복궁의 근정전과 창경궁의 명정전, 덕수궁 중화전 앞에도 품계석이 있지요.

품계석은 서 있는 위치와 방향에 따라서 직분이나 지위의 높낮이가 정해져 있어요. 왕의 어좌와 가까울수록 품계가 높고 멀수록 품계가 낮지요. 어좌에서 볼 때 왼쪽으로는 문반이, 오른쪽으로는 무반이 섰지요. 인정전 앞마당 품계석을 보면서 화려한 예복을 입은 신하들을 상상해 보세요. 저마다 자기의 위치에 맞는 품계석 옆에 서 있는 광경을 상상해 보는 것도 재미있지요.

답도의 판석
정전 앞 계단 가운데에 비스듬히 있는 네모난 돌로 왕만 지나갈 수 있어요.

쇠고리
인정전에서 행사가 있을 때 장막을 치던 쇠고리예요.

인정전 황색 문창살
황색은 대한 제국 이후에 사용할 수 있었어요.

아래 사진에서 다음의 설명에 맞는 번호를 찾으세요.

1. 인정전 앞 계단에는 왕의 상징인 봉황을 새긴 네모난 돌이 있어요. 계단의 경사를 따라 비스듬히 놓여 있지요. 이 위로는 왕의 가마만 지나갈 수 있어요. (　　　　　)
2. 대궐의 정전 앞마당에 큰 행사가 있을 때 자신의 품계에 따라 줄지어 설 수 있도록 표시해 둔 돌이에요. (　　　　　)

☞ 정답은 56쪽에

인정전 용마루의 비밀

이번에는 지붕 꼭대기를 한번 올려다보세요. 기와집의 가장 높은 곳이 용마루예요. 용마루에 왕가의 문장인 오얏꽃 다섯 개가 새겨져 있는 게 보이나요? 이것은 일제 강점기 때에 일본 사람들이 마음대로 꾸며 놓은 것으로, 원래 모습이 아니에요.

창덕궁 보춘정 치미

궁궐 지붕의 용마루 양 끝에는 짐승 모양을 닮은 것이 장식돼 있는데, 이것을 치미 혹은 망새라고 해요. 치미의 유래에 대해서는 여러 가지 설이 있어요.

가장 신빙성이 있는 것은 화재를 피하기 위한 것이라는 이야기예요. 옛날에는 궁궐을 높은 언덕 위에다 지었는데 번개를 피하는 장치가 없어서 벼락으로 인한 화재가 끊일 날이 없었어요. 그런데 하늘의 **어미성**이라는 별을 본떠 용마루에 올려 두면 불을 막고 재앙을 없앨 수 있다고 해서 물고기의 꼬리 형상의 치미가 생겼어요. 고려 시대부터 치미는 화재를 방지할 목적으로 물을 뿜어내는 용 모양으로 바뀌었고, 점차 용두, **취두** 등의 새로운 장식기와로 바뀌면서 다양한 형태로 변했어요.

치미가 용마루에 있는 까닭

목조 건물에서 제일 무서운 것이 화재예요. 우리 조상들은 일부러 지른 불이든, 실수로 난 불이든, 천재지변에 의해 생긴 불이든 모든 불은 귀신이 농간을 부린 것이라고 믿었어요. 그래서 화마를 미리 제압하기 위해서 지붕의 제일 높은 용마루에 치미를 설치했지요. 이처럼 치미는 단순한 장식물이 아니라 화재를 막아 건물의 안전을 지켜 주는 수호자 역할을 하고 있어요.

어미성
말 그대로 물고기 꼬리라는 뜻의 별이에요.

취두
독수리 머리 모양을 뜻해요.

인정전 용마루의 오얏꽃 무늬

인정전 치미

우리나라 궁궐은 대부분 나무로 지었어요. 그래서 불과 화재를 두려워했고, 치미로 불을 막으려 했어요.

잡귀신을 쫓는 인정전의 잡상

고개를 조금 돌려 추녀마루를 보면 작은 동물 같은 것이 줄지어 앉아 있는 것을 볼 수 있어요. 맨 앞에 앉아 있는 것은 사람 같고, 그 뒤에 앉아 있는 것들 중에는 원숭이나 물고기처럼 생긴 것도 있어요. 이 모든 것을 우리는 잡상이라고 불러요. 이것을 지붕에 올려놓은 이유가 무엇일까요?

우리 조상들은 집에 잡귀신들이 들어오지 못하도록 부엌에는 조왕신, 변소에는 측신, 마당에는 터주신 등을 모셔 놓았어요. 사람을 도와주는 이 신들이 나쁜 잡귀를 물리쳐 주기를 바란 것이죠. 추녀마루의 잡상도 마찬가지에요. 사람을 도와 주는 신이 잡귀나 화재를 일으키는 화마를 물리치게 하려는 바람을 담았습니다.

잡상의 이름에 대해서는 여러 가지 설명이 있어요. 가장 흥미로운 해석은 조선의 유몽인이 지은 《어우야담》에 나온 것으로, 삼장법사, 손오공 등 중국의 《서유기》에 나오는 인물들이라는 해석이에요.

중국의 잡상 이야기

잡상은 우리나라에만 있는 것이 아니라 중국에도 있어요. ≪서유기≫에 나오는 인물 또는 땅의 신들이 대부분인데, 모두 사람을 해치는 독하고 나쁜 기운을 막아 주는 신들이랍니다. ≪어우야담≫에는 새로 임명된 관리가 선배 관리들에게 첫 인사를 할 때 반드시 대궐 지붕 위에 있는 잡상의 이름을 단숨에 외워야 동료로 받아 들였다고 기록되어 있어요.

화마
화재를 마귀에 비유한 말이에요.

인정전 잡상

청기와 건물 선정전

선정전의 청기와

선정전은 우리나라 궁궐에서 유일하게 청기와를 사용한 건물이에요. 청기와는 푸른색 도자기 기와로 고려청자의 맥을 잇고 있죠. 청기와는 특히 조선 전기에 많이 사용했는데, 너무 많은 돈과 노력이 들어가 17세기 이후에는 많이 사용하지 않았답니다.

인정전 동쪽 행랑에 나 있는 작은 문을 통해 밖을 나서면 왼쪽으로 선정문이 나타나고 그 안쪽으로 청기와를 입힌 선정전이 보이네요. 선정전은 편전으로 사용하던 건물로 처음에는 이름이 조계청이었으나 세조가 선정전으로 이름을 바꾸었어요. 편전은 왕과 신하가 함께 모여 나랏일을 의논하던 건물인데, 일반적으로 정전의 뒤쪽에 자리 잡고 있어요.

선정전은 아홉 칸밖에 안 되는 단층의 낮고 아담한 건물로, 지붕에 푸른색 유약을 입힌 청기와를 올린 점이 특색이에요. 건물의 중앙 안쪽에는 어좌가 있고 그 뒤에 오봉산일월도 병풍이 펼쳐져 있지요. 어좌 위 보개천장에는 금빛 여의주를 문 황룡과 봉황 꽃구름이 화려하게 조각되어 있어요.

보개천장
궁궐의 천장을 다른 곳보다 높게 만들고 봉황이나 용을 장식했어요.

선정전
왕이 일반적인 나랏일을 보던 편전이에요.

왕의 차를 보관했던 어차고

선정전 맞은편에 보이는 남쪽 담장 가까이에 빈청이라는 건물이 있었어요. 원래 이곳은 고관들이 모여서 회의를 하거나 외국의 사신이 왕을 접견하러 왔을 때 잠시 머무르기도 하는 곳이었어요. 하지만 고종이 이곳에 자동차를 보관한 뒤부터 어차고라고 불리게 되었어요.

순종 황제가 타던 캐딜락

순종효 황후가 타던 다임러

궁궐에서 사용한 첫 자동차는 1903년 미국에서 들여왔다고 전해 오지만 상세한 기록이나 유물이 없어 확인할 수 없답니다. 그 뒤 1911년 두 번째로 고종 황제가 영국에서 다임러 리무진 한 대를 들여왔어요. 지금까지 남아있는 어차들은 순종 황제가 사용했던 로얄 다임러 자동차와 캐딜락 리무진 자동차예요. 세계 유일의 모델인 이 어차는 대한 제국 황실이 미국, 영국에 직접 주문해 제작했어요. 그런데 자동차의 부품 일부가 없어지고 녹이 슬어 보존 상태가 나빠졌어요. 그래서 1997년부터 어차를 복원하기 시작하여 5년여 만에 마쳤지요. 우리들이 지금 보고 있는 자동차들은 모두 복원된 자동차예요.

얼마전까지 이 곳에 있던 어차들은 지금은 국립고궁박물관으로 옮겨서 전시하고 있어요.

어차
왕이 타는 차를 말해요.

어차고
이곳은 원래 신하들이 왕을 만나기 전에 머물던 빈청이 있던 자리였어요. 그런데 고종 황제의 가마나 마차를 보관하기 시작하면서 차고로 바뀌었지요.
지금은 어차가 모두 국립고궁박물관으로 옮겨져서 비어 있어요.

한국식과 서양식이 만난 희정당

희정당 전경
희정당은 겉모습도 전통 궁궐과는 많이 달라요. 정면에 튀어 나온 곳은 마차나 차에서 내려서 실내로 들어가는 서양식 현관이에요.

어차고를 보고 돌아서면 건물 입구가 색다른 희정당이 보여요. 희정당은 선정전과 함께 편전으로 쓰던 건물이에요. 원래 이 건물은 **내전**에 속한 건물이었지만 조선 후기에는 편전으로 사용하였어요. 건물을 만든 해는 확실하지 않지만 연산군 2년 때 불탔다가 다시 지었고, 이름도 숭문당에서 희정당으로 바꾸었지요. 처음 희정당이 재건되었을 때에는 규모가 크지 않았던 것 같아요. 인조 때에는 15칸짜리 보통 규모의 건물이었지만 나중에 편전으로 이용하면서 지금처럼 큰 건물이 되었어요.

내전
궁궐 안에서 왕과 왕비가 생활하던 곳이에요.

현재의 건물은 1920년에 다시 지은 건물인데, 한국식과 서양식이 섞여 있어요. 응접실과 회의실은 서양식 바닥, 유리 창문, 벽체 등으로 꾸미고 양식 탁자를 놓았어요. 응접실 좌우 벽에는 20세기 초의 대표적인 화가 김규진이 금강산을 그린 〈총석정절경도〉·〈금강산만물초승경도〉가 있으니 빼놓지 말고 보세요.

희정당 내부
희정당은 조선 후기와 대한 제국 시대에 왕의 사무실과 접견실로 쓰였어요. 외국인들이 많이 찾으면서 서양식과 한식이 섞인 지금의 모습이 되었어요.

희정당 총석정절경도

희정당의 총석정절경도는 궁 내부의 화원 김규진의 벽화 작품이에요. 소나무에 둘러싸인 총석정 뒤로 옅은 채색으로 구름이 피어오르는 산세가 그려져 있어요. 희정당을 가면 꼭 감상해 보세요.

궁궐과 궁은 어떻게 다른가요?

경복궁
정무를 보던 궐과 주거 공간인 궁이 합해진 것이 궁궐이에요.

궁궐과 궁은 규모나 용도가 엄연히 다르답니다. 경복궁, 창덕궁, 창경궁, 경희궁, 덕수궁과 같은 곳은 궁궐이며 이들을 5대궁이라고 하지요. 그러나 운형궁, 안동별궁, 창의궁, 어의궁, 용흥궁, 선희궁 등은 '궁'이라는 이름이 붙어 있지만 '궁궐'이 아니에요. 그럼 궁궐과 궁은 어떻게 구분할까요?

'궁'은 사람이 일상적인 생활을 하는데 필요한 생활공간이고, '궐'은 왕이나 신하들이 사무를 보고 일반 업무를 처리하는 곳이에요. 그래서 '궁궐' 하면 '궁'과 '궐'의 기능이 합해져 생활 공간과 업무 공간이 함께 있는 곳을 말하지요. 그래서 왕은 낮에는 '궐'쪽에서 업무를 하고 밤에는 '궁'쪽으로 옮겨 가지요. 궁궐 안에서 왕도 출퇴근을 했답니다.

그러나 일반적으로 '궁' 이름이 붙어 있는 건물은 용도에 따라 그 사용 방법이 여러 가지 있어요. 왕이 즉위하기 전에 살던 집을 잠저 혹은 본궁이라고 해요. 대궐에서 살던 왕자나 공주가 결혼해서 궁 밖에서 살림을 차린 집도 궁이에요. 왕이나 왕비, 왕대비, 왕자 등 왕족이 병을 고치기 위해 잠시 궁궐 밖에 나가 있을 때 거처하는 곳도 별궁이라고 하였어요.

운현궁
운현궁은 궁궐이 아니에요. 왕의 아버지인 흥선 대원군이 살던 집으로 궁이에요.

왕비의 침전 대조전

선정전과 희정당 사이 길로 조금 가다가 오른쪽으로 꺾어들면 왕비가 살았던 대조전이 있어요. 대조전의 정문인 선평문을 열고 들어서면 높은 **월대** 위에 웅장하면서도 단정한 대조전 건물이 나타나지요.

지금은 월대 주변이 트여 있어 대조전 대청 안까지 훤히 들여다 볼 수 있어요. 하지만 원래는 대문에 들어섰을 때 **대청** 안이 보이지 않도록 건물 앞쪽과 양 옆에 가리개를 쳐 놓았었어요. 함부로 왕비가 거처하는 곳을 볼 수 없도록 한 것이지요. 대조전 앞과 옆의 **행각**에는 상궁이나 궁녀들이 생활했어요.

대조전은 왕과 왕비가 태어나고 돌아가신 역사 깊은 곳이에요. 대조전에서는 성종, 인조, 효종이 돌아가시고, 현종은 부속 건물인 양심각에서, 순종은 흥복전에서 돌아가셨어요. 그런가 하면 영조의 왕비 정성 왕후가 대조전 관리각에서, 순조의 왕비 순원 왕후가 대조전 양심각에서 돌아가셨고, 익종은 대조전에서 태어났어요.

월대
궁전을 높게 짓기 위해 쌓은 축대예요.

대청
방과 방 사이에 있는 마루예요.

행각
집이나 궁궐을 둘러싸고 있는 집채를 뜻해요. 주로 궁궐 관아나 내관, 상궁들이 썼어요.

대조전
왕과 왕비가 생활하던 곳이에요. 창덕궁의 역사 만큼 많은 분이 나고 돌아가셨어요.

우리가 보고 있는 지금의 대조전 건물은 일제 강점기인 1917년에 화재가 나서 타버린 것을 다시 지은 것이에요. 당시 대조전의 불은 단순한 실수로 일어났는데, 목조 건물이라서 불은 단숨에 건물 전체로 번졌어요. 마침 그곳에 있던 순종과 왕비는 의관을 제대로 갖추지도 못한 채 빠져나와 급히 연경당에 피신했지요.

앙부일구
세종 대에 만든 우리나라 해시계예요.

그런데 당시는 일제 강점기인지라, 대조전의 복구공사를 일본인들이 주도했어요. 그때 기본적인 구조는 화재 이전과 같게 했지만 실내 장식, 채광, 통풍, 배수 방법을 맘대로 서양식으로 바꾸었어요. 더 엉뚱한 일은 공사 중에 목재가 부족하자 경복궁의 교태전을 헐어 그 목재로 대조전을 지었다는 거예요. 그때 헐린 경복궁의 건물들은 교태전·강녕전·동행각·서행각·연길당·경성전·연생전·인지당 등이랍니다. 이렇게 대조전은 복구되었지만 본래의 모습은 어디에서도 찾을 수가 없게 되었어요.

수라간

대조전을 돌아 나오다 보면 타일로 만든 건물이 나와요. 이 건물은 왕의 음식을 만들던 수라간이지요. 다른 궁궐의 수라간은 일제 강점기 때 모두 사라지고, 현재 유일하게 남은 수라간이랍니다. 일본인들은 수라간을 없애 조선의 궁궐을 단순한 구경거리로 만들려고 했거든요. 그나마 창덕궁의 수라간도 고종 때 현대식으로 바뀌어 옛날 모습은 찾아보기 힘들어 안타까워요.

다음은 조선 궁궐의 여러 건물이에요. 다음 중 왕비가 살았던 건물은 어느 것일까요? (　　　)

① 덕수궁 중화전

② 창덕궁 대조전

③ 경복궁 자선당

④ 경희궁 숭정전

도움말 지붕의 용마루를 잘 살펴보세요. 옛날 사람들은 아이를 낳을 때 음과 양이 잘 조화를 이루어야 한다고 생각했어요. 그런데 용마루는 음과 양의 기운의 흐름을 방해한다고 생각했고, 왕비전에는 용마루를 두지 않았어요.

☞ 정답은 56쪽에

불귀신을 물리치는 드므

대조전 앞 드므
궁궐에는 불을 막기 위한 다양한 형태의 드므가 있어요.

이제 대조전을 자세히 볼까요? 먼저 축대 위에 가마솥 같은 것이 보일 거예요. 이것을 순우리말로 '드므'라고 하죠. 목조 건물에서 가장 두려운 것이 화재예요. 그래서 옛 사람들은 화재를 예방하려고 드므를 설치했어요. 옛 사람들은 건물 드므에 물을 가득 채워 놓으면 침입해 오던 불귀신이 드므의 물에 비친 자신의 모습을 보고 깜짝 놀라 달아난다고 믿었어요. 정말 재미있는 상상이죠?

대조전 월대의 드므 중에는 손잡이가 달려 있는 것도 있고 없는 것도 있으며, 그릇 입 언저리가 벌어져 있는 것도 있고 안으로 오므라든 것도 있어요. 전하는 말에 의하면 해마다 동지를 맞아 대조전에서 팥죽을 쑬 때 이 드므를 사용했다고 해요. 이 때 사용한 것이 입 언저리가 넓은 것인데, 특별히 '부간주'라고 불렀어요. 동짓날 팥죽의 붉은 색은 벽사의 의미를 가지고 있는데, 그렇게 보면 드므도 궁궐의 나쁜 기운을 물리치기 위한 것임을 알 수 있어요.

벽사
요사스럽고 사람을 해치는 귀신을 물리쳐요.

다음 상징물에 대한 설명을 완성하세요.

1. 금천교에서 남쪽을 향하고 있는 (　　　　) 상이에요. (　　　　)를 수호하는 상상의 동물로 악귀를 방어해요.

2. 연경당 선향재의 연꽃 무늬예요. 특히 꽃잎 끝이 나선형으로 오므라진 (　　　　) 문양을 특별히 파련화라고 하는데 (　　　　)의 기품을 나타내요.

3. 대조전 앞에 있는 (　　　　)예요. 이것은 (　　　　)을 예방하기 위한 것으로 불귀신이 오다가 (　　　　)에 비친 자신의 모습을 고 깜짝 놀라 달아나기를 바랐어요.

보기	정의, 해치, 드므, 연꽃, 화재, 물, 군자

☞ 정답은 56쪽에

용마루 없는 대조전 지붕

이번에는 대조전 지붕을 보세요. 다른 건물과 다른 점이 보이나요? 보통 목조 건물의 지붕에는 길게 뻗은 용마루가 있는데 대조전 지붕에는 용마루가 없어요. 대조전처럼 용마루가 없는 건물은 창경궁의 통명전, 경복궁의 강령전과 교태전 등이지요. 이 건물들은 모두 왕이나 왕비의 침전이에요. 왜일까요? 그 이유는 침전의 편액에 써 있는 뜻을 풀어보면 알 수 있어요.

창덕궁 대조전의 '대조(大造)'라는 말은 '큰 공', '위대한 창조', 또는 '큰 것을 만들어 냄'이라는 뜻을 지니고 있어요. 이 말들은 다름아닌 지혜롭고 현명한 왕자의 생산을 두고 한 말이에요.

왕세자가 왕위에 오를 때 '등극한다'고 말한다는 것을 여러분들은 잘 알고 있을 거예요. 등극이란 북극성의 자리에 오른다는 뜻이에요. 옛 사람들은 훌륭한 왕자를 낳으려면 하늘과 땅의 기운이 잘 통하고, 음과 양의 기운이 조화되어야 한다고 믿었어요. 그런 환경을 만들려면 하늘의 정기와 땅의 정기가 결합하는 것을 막는 용마루 같은 장애물이 있어서는 안 되었어요. 그래서 침전 건물에 용마루를 없앴어요.

침전
왕이 잠을 자거나 생활하는 공간이에요.

편액
방이나 문 위에 걸어 놓는 액자예요. 그림이나 글씨를 써서 걸어 놓았어요.

혼을 부르는 용마루

조선 시대에는 왕이 숨을 멈췄을 때 대궐의 용마루에 올라갔어요. 왕을 모셨던 내시가 왕의 평상복을 흔들며 '복(復)'을 세 번 외치면서 떠나는 혼을 다시 부른 것이지요. 이렇게 혼을 불렀는데도 왕이 깨어나지 않으면 비로소 왕이 돌아가셨다고 발표했답니다. 궁궐내 신하나 왕족은 이 의식을 보고 왕이 승하했음을 알았지요.

용마루가 없는 대조전의 지붕

비운의 낙선재

옥새

왕이 중요한 문서에 사용하던 도장이에요.

대조전을 나와 후원으로 가다보면 오른쪽 언덕 아래에 보이는 건물이 바로 낙선재예요. 낙선재는 지금 창덕궁 내의 건물인 것처럼 보이지만 원래는 창경궁에 속했던 건물이지요. 낙선재는 궁궐 안의 다른 전각들처럼 화려하거나 웅장한 모습의 건물은 아니지만 소박한 아름다움이 돋보여요.

이곳은 구한말 순종이 돌아가신 뒤 순종효 황후가 은거하다가 돌아가신 곳이에요. 그리고 조선의 마지막 황태자인 영친왕이 병든 몸으로 와서 살다가 생을 마감한 곳이기도 해요. 영친왕은 일본인들의 일방적인 결정으로 일본 여인 이방자 여사와 정략적으로 결혼했고, 이방자 여사는 이후 우여곡절 끝에 한국으로 와 이 낙선재에서 생활하다 1989년에 세상을 떠났어요.

낙선재 기둥에는 부귀를 누리며 오래 살기를 바라는 뜻을 담은 글귀가 쓰여 있고, 담장에도 아름다운 문양들이 새겨져 있어요. 그리고 다락같이 생긴 누마루 밑에는 구름 문양이 새겨져 있는데, 이것은 공중에 떠 있는 누마루를 구름 위에 떠 있는 것에 비유한 거예요.

은거
몰래 숨어서 사는 것을 말해요.

화계
계단식으로 만든 꽃밭을 말해요.

불로불사약
늙지도 않고 죽지도 않는 약이에요.

낙선재와 덕혜 옹주

덕혜 옹주는 고종이 60살에 낳은 딸이에요. 고종은 덕혜 옹주를 무척 사랑해서 전용 유치원을 세워주었다고 해요. 그러나 일본인들은 덕혜 옹주를 강제로 일본으로 보내 일본 사람과 결혼시켰어요. 일본인의 감시와 부모님의 죽음으로 심한 우울증에 시달리던 덕혜 옹주는 일본에서 불행한 나날을 보냈지요. 덕혜 옹주는 해방 이후에도 한국의 정치 상황 때문에 고국으로 돌아오지 못했어요. 그러다 1963년 한국으로 돌아와 이방자 여사와 함께 낙선재에서 생활하다 1989년에 세상을 떠났어요.

낙선재

조선의 마지막 왕손들이 생을 마감한 슬픈 장소예요.

낙선재 뒤뜰과 한정당

낙선재 누마루 밑을 지나 건물 뒤쪽으로 가면 한적한 뒤뜰이 나타나지만, 요즘에는 일반인들이 들어가지 못하게 막아 두었어요. 낙선재 뒤뜰에는 계단식으로 만든 꽃밭이 있고 층마다 여러 종류의 꽃나무가 심어져 있어요. 신비로운 모양의 괴석을 가져다 두고 연못을 파는 등 볼거리도 가득하지요. 그래서 낙선재 뒤뜰은 작으면서도 아름다운 정원이에요.

여기서 눈여겨볼 것은 괴석을 올려 놓은 돌 화분이에요. 이곳에는 '소영주'라는 글씨가 새겨져 있는데, 영주는 신선이 사는 삼신산 중의 하나이지요. 낙선재 뒤뜰이 바로 신선이 사는 곳임을 상징하지요.

화계 위쪽으로 나 있는 계단을 올라가면 작은 문이 나오고 이 문을 지나면 평평한 땅이 나타나요. 이곳에 상량정이라고 하는 아름다운 육각 정자가 있어요. 천장의 육각형 평면에는 분홍색 복숭아가 모퉁이마다 그려져 있고, 그 사이 사이로 그려진 박쥐, 쌍학, 청룡의 모습이 환상적이에요. 우리 그림에서 박쥐는 복을, 학은 장수를 상징하지요. 복숭아는 서왕모가 키운다는 불로불사약을 뜻하는 것으로 건강하게 오래 살고 싶은 낙선재 주인의 염원을 담고 있어요.

창덕궁의 아름다운 후원

창덕궁 후원은 궁궐 뒤쪽 넓은 터에 정자, 누각 등을 짓고 연못, 꽃밭, 돌조각, 돌 화분, 석등을 놓은 곳이에요. 왕과 그 가족들이 휴식하고 즐길 수 있도록 만든 후원이지요.

그동안 많은 사람들이 창덕궁 정원을 비원이라고 불렀어요. 하지만 비원은 한 나라 왕의 후원을 단순한 일반 정원으로 깍아 내리려는 일본인들이 부르던 이름이랍니다. 조선 시대에는 이곳을 북원, 금원, 또는 후원이라 불렀고, 이 중에서도 후원이라는 말을 가장 많이 썼으니 우리도 창덕궁 후원이라고 부르는 것이 옳겠지요.

후원을 산책하면서 자세히 보면 이곳이 우리나라 산천과 똑같이 나지막한 산과 골짜기로 이루어져 있음을 알 수 있어요. 골짜기 곳곳마다 실개천이 흐르고, 도처에 맑은 샘물이 솟아나고 있지요. 창덕궁 후원은 까치를 비롯한 여러 새들이 나뭇가지 사이로 오가고, 다람쥐, 청설모 등이 뛰노는 깨끗한 자연 환경을 갖추고 있어요. 이러한 자연 환경을 최대한 지키면서 사람의 손길을 최소한으로 줄인 점이 바로 창덕궁의 매력이랍니다.

왕이 뱃놀이 하던 부용지

낙선재에서 나와 창덕궁 담장을 오른쪽에 끼고 오르막길을 따라가다 보면 크고 네모난 연못이 눈에 들어오고, 그 주변에 서 있는 여러 채의 건물을 볼 수 있어요. 여기가 바로 연꽃이란 이름을 가진 부용지예요.

부용지에는 용 모양으로 생긴 **입수구**가 있는데, 비가 웬만큼 오지 않는 이상 물이 흐르는 것을 볼 수 없어요. 그래도 부용지의 물은 마르지 않는답니다. 왜일까요? 부용지는 바로 4개의 우물터에 세운 연못이라 언제나 신선한 물이 공급되기 때문이지요. 기록에 따르면 세조는 창덕궁에서 우물을 찾으라고 명령했고, 지금 부용지 터에서 4개의 우물을 발견했다고 해요. 그 뒤 숙종 대에 이르러 이곳을 연못으로 다듬은 것이지요. 부용지를 자세히 보면 네모난 연못에 둥근 섬이 떠 있는 것을 볼 수 있죠? 바로 '땅은 네모이고 하늘은 둥글다.'고 생각한 옛사람들의 우주관을 보여 주

정조가 꼽은 상림십경

정조는 특히 창덕궁, 창경궁의 후원을 사랑했어요. 그래서 창덕궁과 창경궁 후원에서 가장 아름다운 풍경 10가지를 뽑아 상림십경이라고 칭했지요. 그중에서 창덕궁에 관련된 것이 총 8가지에 이르러요. 그 내용은 다음과 같답니다.

망춘문앵 : 망춘정에서 듣는 꾀꼬리 소리
천향춘만 : 천향각에서 바라보는 늦봄의 경치
어수범주 : 어수문 앞에서 즐기는 뱃놀이
소요유촉 : 소요정에서 돌리는 술잔
희우상련 : 희우정에서 즐기는 연꽃
청심제월 : 청심정의 달 구경
영화시사 : 영화당에서 시험을 치르는 선비들
능허모설 : 능허정에서 보는 저녁 눈

부용지
왕이 이곳에서 뱃놀이와 시짓기를 즐겼어요.

는 것이랍니다.

연꽃 같은 부용정

부용정
십(+)자 모양의 독특한 정자예요.

부용지에 두 기둥을 담그고 있는 아름다운 정자가 바로 부용정이에요. 부용정은 보는 위치에 따라 그 느낌과 형태가 달라져 보는 즐거움이 있답니다.

부용정은 십(十)자를 기본으로 한 평면 위에 가느다란 원기둥을 세워 지은 **겹처마** 단층 정자예요. 우리나라에서 십자 형태의 집은 아주 드문 형태니 꼼꼼히 살펴보세요. 정자 안에는 모두 4개의 방이 있는데 문을 걷어서 천장에 매달면 널따란 공간으로 변한답니다.

조선의 궁궐 이야기를 기록한 《궁궐지》에 따르면 숙종이 이곳에 택수재라는 건물을 지었는데, 정조가 이름을 부용정이라고 바꾸었다고 해요. 이곳에서 왕은 신하들과 어울려 뱃놀이를 즐기고 시를 읊었는데, 부용정 기둥에는 이곳의 풍광을 노래한 시가 걸려 있어요.

입수구
물이 들어오는 구멍을 뜻해요.

겹처마
처마 끝에 짧은 서까래를 덧댄 처마예요.

다음 사진은 한국 창덕궁 후원, 일본 료안지, 중국 이화원이에요.
다음을 보고 각각의 정원을 연결해 보세요.

- 중국의 이화원 : 정원에 크고 화려한 자연을 인공적으로 만들었어요. 건물과 연못의 규모가 크고 웅장해요.
- 창덕궁 후원 : 인공적인 요소를 최대한 줄이고 바위나 개울같은 자연을 그대로 빌려 왔어요. 자연 속에 누각을 지어 풍류를 즐겼어요.
- 일본의 료안지 : 자연을 상징적으로 축소해 마당에 옮겨 놓았어요. 강과 바다를 본뜬 작은 연못과 작은 나무들로 꾸몄어요.

정답은 56쪽에

과거 급제를 꿈꾸는 잉어 조각

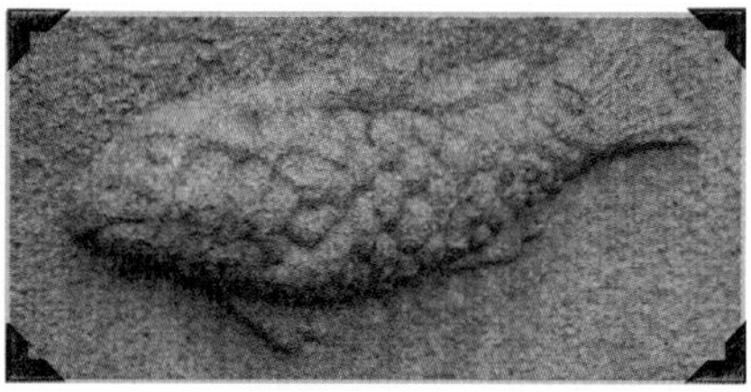

잉어 조각
물고기가 용이 되길 바라는 마음, 즉 훌륭한 관리가 되고자 하는 마음을 담았어요.

부용지에서 나오다 보면 돌담 모퉁이에 물고기 한 마리가 물 위로 뛰어 오르는 모습이 새겨져 있어요. 이 작은 잉어 한 마리에도 많은 뜻이 담겨 있어요.

옛 사람들은 장원 급제하기 위해 열심히 공부하는 선비를 잉어에 비유하고, 과거에 급제하여 높은 관직에 오르는 것을 잉어가 용으로 변하는 것에 비유했어요. 이것은 용문에 얽힌 설화에서 나온 이야기에요. 용문은 중국 황하의 협곡 이름인데, 잉어가 용문의 급류를 헤치고 올라서면 바로 용으로 변한다는 전설이 있어요. 용이 되고 싶은 잉어들은 해마다 용문으로 모여들지만, 그 중 힘센 잉어만 협곡을 뛰어 넘어 용문에 올라 용으로 변한다고 해요. 그래서 후세 사람들은 용문에 오른다는 뜻의 '등용문'을 높은 자리에 오른다는 뜻으로 사용했지요. 마침 부용지 옆 마당은 조정에 등용되고자 하는 선비들이 왕을 모시고 과거 시험을 보는 장소였으니, 요즘 표현대로 말한다면 절묘한 환경 미술 작품이라고 할 만하지요.

협곡
험하고 좁은 골짜기를 뜻해요.

조정
왕이 나라의 정치를 신하들과 함께 의논하거나 집행하는 곳이에요.

다음은 주합루 앞에 있는 어수문이에요. 어떤 용도로 쓰였는지 다음 빈 칸을 완성하세요.

어수는 (   )과 (   )를 뜻하는 말이에요. 물고기가 물을 떠나 살 수 없듯이 (   )들은 (   )의 뜻을 잘 살펴야 한다는 뜻이 담겨 있어요. 어수문은 총 3개인데 가운데 문은 (   )이 사용했고, 양쪽 작은 문은 (   )들이 사용했답니다.

보기	물, 신하, 왕, 물고기, 왕, 신하

어수문

☞ 정답은 56쪽에

주합루와 영화당

부용정을 마주 보고 있는 건물이 주합루예요. 주합루의 1층은 수만 권의 책이 보관되어 있는 서고이고, 2층은 책을 읽던 곳이었어요. 정조는 학문이 뛰어난 사람들을 뽑아서 이곳 주합루에서 공부하도록 하였어요.

주합루
옛날에 규장각이 있던 곳이에요.

이들이 함께 공부하고 학문에 몰두하던 기관을 규장각이라고 해요. 규장각은 원래 왕의 글씨와 글을 보관하던 곳인데 정조 는 젊은 인재들이 공부하고 학문에 몰두할 수 있는 기관으로 확대했지요. 정약용, 이덕무, 채제공 같은 훌륭한 인물들이 이곳에서 활동했답니다. 지금 주합루 현판도 정조가 직접 쓴 글씨랍니다.

연못 동쪽에 있는 영화당 앞마당은 왕을 모시고 과거 시험을 보는 장소였어요. 과거 시험은 몇 단계로 나누어지는데 왕 앞에서 보는 최종 시험이 이곳 영화당 앞마당에서 펼쳐진 것이지요. 영화당의 현판은 영조가 직접 쓴 글씨랍니다.

서고
책을 보관하는 집이나 방을 뜻해요.

현판
글자나 그림을 새겨 벽이나 문 위에 거는 나무판이에요.

영화당
옛날에는 이곳에 작은 연못이 있었다고 하는데 지금은 사라졌어요.

연꽃 향기 가득한 애련지 주변

부용지에서 북서쪽으로 난 길을 따라가다 보면 애련지에 못미처서 왼쪽으로 금마문이 나와요. 왕의 무병장수를 바라는 문이지요. 금마문은 삼천 년을 살았다는 삼천갑자 동방삭이 금마문시중이라는 벼슬을 했다는 설화를 따서 지은 이름이에요. 왕이 동방삭처럼 오래 살게 해달라는 염원을 담았지요.

금마문
기오헌, 의두각으로 들어가는 입구에 금마문이 있어요.

독서하기 좋은 기오헌과 의두각

금마문을 들어가면 기오헌과 의두각이 있어요. 기오헌과 의두각은 후에 익종으로 추존되는 효명 세자가 아버지 순조에게 요청해 지은 건물이에요. 할아버지인 정조처럼 훌륭한 군주가 되고 싶어서 주합루 뒤쪽에 기오헌과 의두각을 짓고 열심히 책을 읽었다고 해요.

효명 세자는 순조의 아들로 예술과 학문을 사랑했어요. 특히 궁중 무용을 모아서 정리하고, 12권이 넘는 문집도 남겼지요. 유난히 총명했던 효명 세자가 22세의 젊은 나이에 세상을 떠났을 때 많은 사람이 아쉬워 했어요. 후에 효명 세자는 익종으로 추존됐어요.

삼천갑자 동방삭

중국의 《한서》에 나오는 사람이에요. 동방삭은 전한시대 무제의 총애를 받은 관리였어요. 그러던 어느날 무제가 사후 세계를 다스리는 서왕모에게 죽지 않는 천도 복숭아를 선물받았어요. 그 중 3개를 동방삭이 훔쳐 먹었지요. 그 때 이후로 동방삭은 죽지 않고 18만 년을 살았지요. 그 때부터 삼천갑자 동방삭은 장수의 상징이 되었어요.

의두각

방 한칸의 건물이에요. 의두각이란 효명 세자가 할아버지 정조를 기대고 의지한다는 뜻으로 지었어요.

기오헌

온돌방과 대청마루로 구성돼 있어요. 이 곳에서 순조의 아들 효명 세자가 독서를 했지요.

무병장수를 비는 불로문

금마문을 나와 북쪽으로 조금 더 올라가면 왼쪽으로 돌문이 하나 보여요. 나지막한 담장 사이에 퍽 잘 어울리는 문이에요. 이 문은 여러 개의 바위로 만든 것이 아니라 한 장의 바위를 디귿자(ㄷ) 모양으로 다듬어 만든 불로문이에요. 이 문은 왕의 무병장수를 비는 문으로 이 문을 지나가면 늙지 않는다고 해요.

지금 불로문에는 문짝이 없지만 양쪽 기둥에 돌쩌귀가 있는 것으로 보아 원래는 문짝이 있었던 것으로 추측돼요. 또 《궁궐지》에 따르면 이곳에 불로지라고 하는 연못도 있었다고 해요.

추존
왕위에 오르지 못하고 죽은 이에게 왕의 칭호를 주는 걸 뜻해요.

돌쩌귀
문짝을 여닫는 데 쓰는 쇠붙이를 말해요.

군자의 향기가 느껴지는 애련정

불로문 안쪽으로 넓은 연못이 있고, 그 중앙에 애련정이 있어요. 애련정은 평면이 네모난 정자로 두 기둥은 물에 잠겨 있어요. 네 면에는 창문을 달지 않고 기둥에 낙양각을 드리워 운치를 더했지요.

옛날에는 왕과 신하들이 애련정에 올라 앉아 애련지에 핀 연꽃을 감상하면서 여유를 즐겼어요. 애련이라는 말은 연꽃을 사랑한다는 말로, 애련지와 애련정이라는 이름에는 옛 선비들의 정신세계가 담겨 있지요. 그들은 연꽃을 매우 사랑했는데, 그것은 연꽃이 예쁘기 때문이 아니라 연꽃이 군자다운 품위를 가지고 있기 때문이었지요. 선비들은 연꽃이 진흙 속에서 나왔으면서도 깨끗하고, 화려하지 않은 것을 사랑했어요. 향기는 멀수록 더욱 맑게 퍼지고, 멀리서 바라볼 수는 있지만 함부로 꺾을 수 없는 것이 군자의 기품을 닮았다고 생각했죠.

군자
행실이 점잖고 어질며 덕이 높은 사람을 뜻해요.

애련정의 구조를 알아보아요.

다음 중 정자나 누각에서 기둥과 천장 사이를 화려하게 장식한 것은 무엇일까요? (   )

❶ 내림마루
용마루나 지붕 꼭대기에서 처마 쪽으로 내려오는 마루를 말해요.

❷ 절병통
사각형이나 육각형, 팔각경의 지붕은 꼭대기에서 한군데로 모이게 돼요. 이곳에 항아리 모양의 장식을 하는데, 이것을 절병통이라고 해요.

❸ 겹처마
처마는 겹처마와 홑처마로 나뉘어져요. 서까래만 이용한 처마를 홑처마라고 하고, 서까래에 나무를 한층 연장시킨 저마를 겹처마라고 해요.

❹ 낙양각
기둥과 천장 사이에 나무 조각을 장식한 낙양각이에요. 낙양각을 설치하면 안에서 밖을 내다볼 때 그림을 보는 듯한 효과를 느낄 수 있어요.

❺ 초석
기둥과 땅 사이에 괴어 놓은 돌을 초석이라고 해요. 기둥의 무게를 받쳐 건물을 튼튼하게 하지요.

❻ 평난간
난간은 크게 닭 벼슬 모양의 계자 다리가 있는 계자 난간과 계자다리가 없는 평난간으로 나뉘어요.

☞ 정답은 56쪽에

구조가 독특한 관람정과 존덕정

연경당을 나와 애련지 옆길을 따라 들어가다 보면 관람정이 서 있는 반도지 호수가 나와요. 이 호수는 원래부터 있었던 것이 아니라 일제 강점기에 일본 사람들이 판 호수예요. 반도지라는 이름도 호수 모양이 한반도와 비슷하다고 해서 붙인 이름이지요.

관람정은 보통의 정자와 달리 부채꼴로 되어 있어요. 부채꼴 모양으로 지으면 정자에 올랐을 때 앞의 경치를 넓고 시원하게 볼 수 있어요. 관람정 맞은 편 언덕 위에는 공예품같이 아름다운 정자가 있어요. 육각형 모양의 존덕정인데, 이런 정자는 그리 흔하지 않아요. 울창한 숲에 싸여 있는 이 정자에 올라 반도지 주변을 바라보면 마치 신선들이 사는 곳처럼 아름 답지요. 이곳에서 폄우사로 가는 징검돌은 사람 발자국에 맞춰 삐뚤빼뚤 깔아 놓았으니 하나하나 꼭꼭 밟으며 걸어 보아요.

존덕정의 천장

존덕정의 천장은 사각형과 육각형이 조화가 매우 아름다워요. 가운데는 왕을 상징하는 황룡과 청룡을 장식해 존덕정이 왕의 정자임을 알려 주지요. 이렇게 가운데를 높게 만들어 용이나 봉황 등을 장식한 천장을 보개천장이라고 해요.

존덕정

존덕정에는 정조가 쓴 글씨가 있어요. 정조는 창덕궁 후원에서 많은 시를 노래했어요.

관람정

우리나라에서 유일한 부채꼴 모양의 정자예요.

궁궐 속 사대부 집, 연경당

연경당은 궁궐 안에 있는 양반가 양식의 건물이에요. 궁궐 안에 사랑채·안채·행랑채·서재·후원·정자 및 연못을 갖춘 완벽한 사대부의 주택이 있지요. 그래서 궁궐 안의 다른 건물들이 단청과 장식을 한껏 갖추고 있는 데 비해, 이 집은 단청을 하지 않았답니다. 연경당은 예전에 99칸 집이라 불렀는데, 현재 남아 있는 건물은 109칸 반에 이르러요.

아름다운 산, 풍요로운 숲, 그리고 조화로운 연못과 정자 사이에 자리 잡은 이 집은 건축적으로도 뛰어난 짜임새와 만듦새를 보여 주고 있어요. 창문, 벽 등에서 보이는 화려하고 섬세한 기법이나, 기둥, 보, 서까래의 세련된 가공에서 보이는 솜씨는 일반 사대부 주택의 수준을 훨씬 넘어선 것이지요.

연경당은 기록에 따르면 순조 28년(1828년) 순조에게 존호를 올리는 경축 행사를 치르기 위해 건축했다고 전해져요. 경축 행사를 벌인다는 연경이란 이름도 이때 지어졌답니다. 한편, 순조의 아들인 효명 세자가 사대부의 생활을 알고 싶다고 왕에게 요청해 지은 건물이라는 얘기도 전해져요.

자유로운 공간 개념

한옥의 특징 중 하나가 열린 공간을 가지고 있다는 거예요. 문을 떼거나 붙이면 공간이 넓어졌다, 좁아졌다 할 수 있으니까요. 바깥문은 평소에는 닫아 두었다가 날씨가 더우면 문짝을 포개어 한쪽 끝을 처마에 매달아 두기도 했답니다. 이렇게 하면 자연이 그대로 방 안으로 옮겨 오는 효과를 누릴 수 있어요.

사대부
조선 시대 양반 중 벼슬이 높은 사람을 뜻해요.

존호
왕이나 왕비의 덕을 기리기 위해 올리던 칭호예요.

연경당
궁궐 안에 있는 사대부의 집이에요.

서향교
연경당의 서재겸 응접실로 사용했어요.

문 열린 방
99칸 집의 면모를 느낄 수 있어요.

달나라에 살고 있는 두꺼비

연경당 앞 석분

연경당 앞 작은 돌다리 왼쪽으로 돌 화분에 심은 괴석이 있어요. 이 돌화분 위쪽 모서리마다 두꺼비 네 마리가 조각되어 있는데, 이 두꺼비는 '항아분월'이라는 설화에서 따왔답니다.

옛날에 갑자기 열 개의 태양이 동시에 떠서 세상이 불바다가 된 적이 있었어요. 그때 활을 잘 쏘기로 이름 난 예가 해를 쏴서 세상을 구하고 그 공로로 불로불사약을 선물 받았어요. 그러나 그의 아름다운 아내 항아가 그 약을 몰래 훔쳐 먹고 달나라로 도망쳐 버렸지요. 그 후에 항아가 어떻게 되었는지 전하는 말이 많답니다. 달나라에서 두꺼비로 변해 편안하게 살고 있다고도 하고, 신선처럼 살았다고도 해요. 어쨌든 옛 사람들은 항아가 도망친 달에서 항아처럼 오래오래 살기를 기원했어요.

한편, 대조전 뒤뜰의 굴뚝에는 토끼가 새겨져 있어요. 이처럼 여성들이 생활하는 곳에는 두꺼비나 토끼 형상이 많이 있어요. 왜일까요? 옛날 사람들은 해는 남성이고, 달은 여성이라고 생각했어요. 또 달에는 근심 걱정 없이 사는 신선들이 사는 궁전이 있다고 믿었고, 옛 여인들은 그런 선계에서 살고 싶다는 소망을 갖고 있었죠. 그래서 달에 사는 두꺼비와 토끼를 장식하면 자신들의 집이 달의 궁전처럼 편안해질 것이라고 믿었답니다.

선계
신선들이 근심 걱정 없이 사는 세계를 말해요.

대조전 뒤뜰 굴뚝

풍류놀이의 장소, 옥류천

존덕정을 둘러보고 경사진 길을 따라 올라가 보세요. 그 길을 쭉 따라 계속 가다 보면 아래쪽 깊숙한 곳에 옥류천이 있어요. 옥류천 구역에는 소요정, 태극정, 청의정 등의 아름다운 정자들이 있답니다. 그 사이로 맑고 차가운 실개천이 흐르고 있고요.

길을 더 올라가면 소요정 서쪽 산비탈 근처에 샘이 하나 있어요. 이 샘에서는 맑고 시원한 생수가 솟아나고 있지요. 이 샘 아래쪽에 커다란 바위가 있고, 그 바위에 '玉流川(옥류천)' 세 글자와 다음과 같은 오언시가 새겨져 있어요. 그 내용을 풀이해 보면 이렇답니다.

오언시
한자 5개가 한 줄을 만드는 시예요.

날아 흐르는 물은 삼백척이요
아득히 떨어지는 물은 구천에서 내린다
볼 때는 흰 무지개가 일고
기운찬 소리는 온 골짜기에 천둥 번개를 이룬다

인조가 직접 쓴 글씨예요.

왕이 사랑한 소요정, 태극정

옥류천을 줄기를 따라 올라가다 보면 넓적한 바위 옆에 정자가 하나 보여요. 옥류천을 한눈에 조망할 수 있는 소요정이지요. 소요정이란 이름은 장자의 '소요유'에서 따온 말로, '유유자적하게 노닐다.'라는 뜻을 갖고 있어요. 소요정 뒤쪽으로 보이는 소박한 한 칸짜리 정자는 태극정이에요. 태극정은 음과 양처럼 만물이 조화로워야 한다는 뜻의 정자이지요. 이 두 정자는 특별히 왕들의 사랑을 듬뿍 받았어요. 인조는 이 두 정자를 다시 지어 완성했고, 정조는 태극정기라는 시를 남겼어요. 숙종은 태극정, 소요정, 청의정을 '상림삼정'이라고 말하며 창덕궁에서 가장 아름다운 곳이라고 칭찬했지요.

소요정

태극정

옥류천 바위 앞쪽 펀펀한 바위에는 얕은 물길을 구불구불하게 파 놓았어요. 이유가 무엇일까요?

풍류놀이
멋스럽고 풍치있게 노는 일을 말해요.

예로부터 곡수연이라고 하는 **풍류놀이**가 있었어요. 곡수놀이는 선비들이 굽이치는 물가에 앉아 술잔을 띄우고 그 술잔이 자기 앞을 지나기 전에 시를 짓고 잔에 있는 술을 마시는 풍류놀이예요. 무척 아름답고 우아한 놀이지요? 옛날부터 우리나라 사람들은 아름다운 자연을 즐기는 다양한 풍류놀이를 즐겼답니다.

삼월 삼짇날
음력 3월 3일이에요. 강남에 간 제비가 돌아온다는 때이지요.

곡수연은 서기 353년 진나라의 유명한 서예가 왕희지가 시작했어요. 왕희지는 **삼월 삼짇날** 친한 시인들과 함께 난정이라는 정자에 모여 술잔을 띄워 놓고 시를 지었다고 해요. 그 후 곡수연 놀이는 선비나 귀족들이 즐기는 대표적인 풍류놀이로 전해내려 오지요.

기록에 따르면 조선 시대에도 많은 선비들이 곡수연을 즐겼다고 해요. 조선 후기의 〈시회도〉에는 곡수놀이를 하는 선비들이 그려져 있지요. 굽이치는 물가에 선비들이 띄엄띄엄 앉아 있고, 상류 쪽에서는 아이가 열심히 술을 잔에 퍼 담는 모습이 그려져 있지요.

다음은 조선 후기에 그려진 〈동궐도〉예요. 경복궁 동쪽에 있는 창덕궁과 창경궁을 그렸다고 해서 〈동궐도〉라고 해요.

그림 중에서 왕이 농사를 짓던 '청의정'과 바위에 구불구불한 물길을 만들었던 '옥류천'의 위치를 찾아보세요.

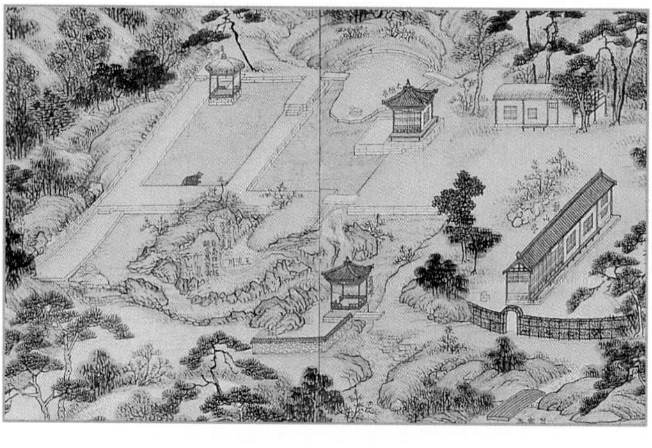

도움말
청의정은 볏짚으로 지붕을 이은 초가의 모습입니다. 옥류천 바위는 청의정 아래쪽에 있어요.

☞ 정답은 56쪽에

왕이 농사짓던 청의정

청의정
앞에 연못이 보이죠? 이곳에서 왕이 농사를 지었어요.

옥류천을 지나다 보면 화려한 궁궐에 어울리지 않을 듯한 초가지붕의 정자가 있어요. '맑고 깨끗한 잔물결'이라는 뜻의 청의정이죠. 청의정 앞에 있는 자그마한 논은 예로부터 왕이 직접 농사를 짓던 곳이에요. 직접 농사를 지어 봄으로써 그해의 농사가 풍년인지 흉년인지 알아보고, 백성들의 농사짓는 생활을 알기 위한 장소였죠. 청의정의 초가 지붕은 바로 이 논에서 추수된 볏짚으로 만든 것이랍니다.

청의정은 사각형의 누각에 팔각지붕을 얹고, 다시 둥글게 초가를 얹은 것이 특징이에요. 땅은 네모나고 하늘은 둥글다는 옛날 우리 조상들의 세계관을 보여주는 구조이지요. 옛날에는 이 논에 개울물이 흘러 들어왔다고 하는데, 지금은 주변에 건물이 늘어나면서 물길이 끊기고 말았어요. 하지만 요즘 청의정은 옛날의 활기를 되찾고 있어요. 바로, 청의정 모내기 행사와 지붕 잇기 행사가 있는 날이에요. 청의정에서는 매년 봄 모내기 행사와 더불어 가을에는 추수 행사까지 있답니다. 자세한 내용은 창덕궁 홈페이지에 공고되니 꼼꼼히 챙기세요.

모내기 행사

750살 된 향나무

천연기념물 향나무

창덕궁 관람을 끝내고 돈화문이 보이기 시작해요. 이제 모든 관람이 끝나려나 보다 하고 한숨을 놓고 있을 때, 왼편으로 여러 개의 지지대를 받친 거대한 나무가 하나 보여요. 마치 용이 승천하는 듯이 보이는 이 나무는 나이가 750살쯤 되리라 짐작되는 향나무예요. 조선 후기 창덕궁과 창경궁의 모습을 그려 놓은 〈동궐도〉에도 향나무 밑에 지지대가 있는 것으로 보아 창덕궁을 지은 태종 때부터 이곳에 있었던 향나무로 짐작된답니다.

사람들은 예로부터 궁궐과 절에 향나무를 많이 심었어요. 향나무는 이름대로 그윽한 향기가 풍기는 나무거든요. 이 향기는 정신을 맑게 하고, 뿌리는 물을 맑게 한답니다. 또한 사람들은 향나무의 향이 인간을 괴롭히는 잡귀를 물리치는 힘을 가지고 있다고 믿었어요. 제사를 지낼 때 쓰는 '향'을 알고 있나요? 향나무는 바로 그 '향'을 만드는 재료이기도 하답니다.

다음 사진에서 원숭이를 닮은 부분을 찾아보세요.

오랜 세월 비바람을 헤쳐 온 창덕궁 향나무는 가지가 이리저리 뒤틀렸어요. 그러다 보니 자연스럽게 다양한 무늬들이 생겨났지요. 이 무늬들을 보고 닮은 꼴을 찾는 것도 재미있어요.

☞ 정답은 56쪽에

조선 후기의 창덕궁을 그린 동궐도

창덕궁을 공부하는 많은 학자들이 보물처럼 아끼는 그림이 있어요. 바로 국보로 지정된 〈동궐도〉이지요. 동궐도는 법궁인 경복궁 동쪽에 있는 궁궐인 창덕궁과 창경궁을 그린 그림이에요. 동궐도는 사람 키를 훌쩍 넘는 아주 커다란 그림이에요. 가로가 약 570센티미터이고 세로가 약 270센티미터에 이르지요.

〈동궐도〉는 일제 강점기 때 일본인들에 의해 파괴된 창덕궁과 창경궁의 원래 모습을 알 수 있게 해 주는 아주 귀중한 자료예요. 특히, 궁궐 전각이나 정자, 그리고 나무 하나까지 정교하게 그린 그림이라 조선 후기 궁궐 건축 양식에 대해 많은 정보를 주고 있어요. 작은 기록 하나하나가 얼마나 중요한지 보여주는 부분이지요.

그러면 이 그림을 언제 그렸을까요? 이 그림을 그린 정확한 연대는 알 수 없지만 순조 30년(1830년)에 불탔다고 하는 환경전이 그려져 있는 것으로 보아 최소 177년 전에 그린 그림이라는 것을 알 수 있어요.

이 그림은 현재 고려대학교 박물관과 부산의 동아대학교에 소장되어 있어요. 하지만 창덕궁 입구에서 나눠 주는 창덕궁 안내도에 동궐도가 있으니 현재의 창덕궁과 비교해 보세요.

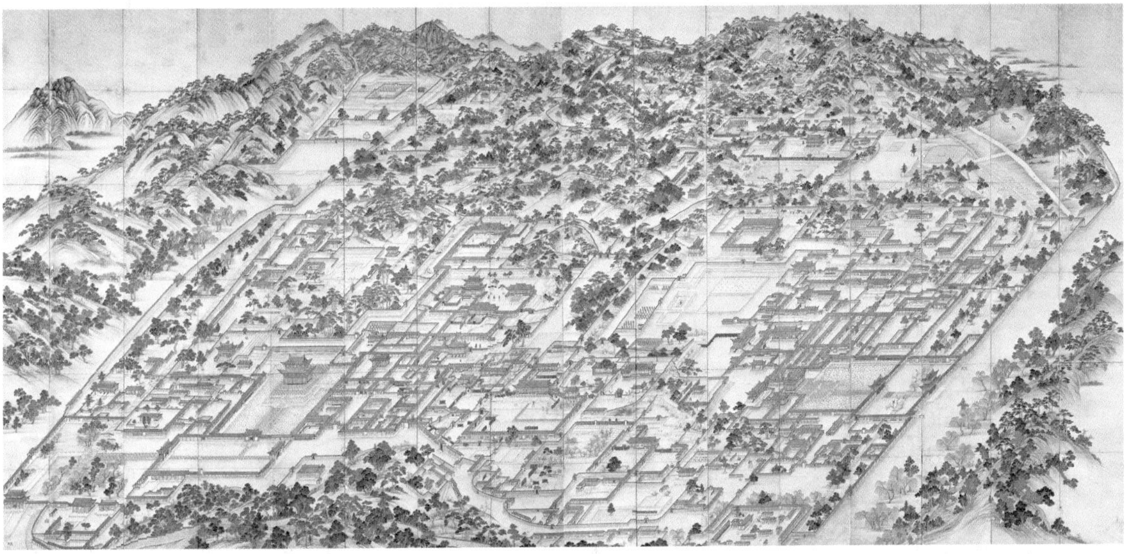

동궐도

창덕궁을 나서며

창덕궁 후원 안에 많은 정자가 있지만 산꼭대기에 올라 있는 정자는 하나도 없어요. 모든 정자들이 숲과 계곡이 만드는 아늑한 공간 속에 자리 잡고 있거나 물가에 나지막하게 서 있답니다. 숲 속에 정자를 앉힐 때도 인공의 냄새를 최소한으로 줄이려고 노력했지요.

창덕궁 후원에는 서양식 정원에서 흔히 볼 수 있는 분수란 것이 아예 없어요. 우리 조상들은 물을 하늘을 향해 치솟게 하는 것이 물의 본성을 거스르는 일이라고 생각했기 때문이지요. 사계절이 뚜렷한 자연환경 속에서 살아 온 우리 조상들은 터를 넓게 닦고 그 위에 잔디를 까는 것 같은 인공적인 일은 결코 하지 않았어요. 봄이면 움이 트고 꽃이 피며, 여름이면 잎이 무성하고, 가을이면 단풍이 들고 열매 맺으며, 겨울이면 힘찬 가지에 눈꽃이 하얗게 피는 나무를 심고 계절마다 변하는 자연 풍경을 즐겼답니다.

외국인들 중에는 한국의 정원이나 건축물들이 중국의 이화원 정원이나

프랑스 베르사유 궁전 정원보다 규모가 작다고 말하는 사람이 있어요. 그러나 사람이 만든 정원은 제아무리 크다고 해도 한계가 있는 법이에요. 그렇지만 그 한계를 뛰어 넘는 것이 있으니 그것은 바로 대자연이지요. 우리의 창덕궁 후원은 끝이 없는 대자연의 경치를 빌려 와 만든 정원이에요. 그러니 세계의 정원 중에 창덕궁 후원처럼 규모가 큰 정원은 또 없겠지요?

또 어떤 사람은 한국의 정원은 일본에 비해 정돈되어 있지 않고 질서도 없다고들 말해요. 그러나 가장 잘 정돈되어 있는 것은 자연 그 자체일 수밖에 없으므로, 자연의 지세와 지형을 그대로 유지하면서 꾸민 한국의 정원이야말로 가장 잘 정돈된 정원이라 할 수 있지요. 창덕궁 후원이야말로 자연과 인간이 함께 만들어 낸 가장 규모가 크며, 가장 잘 정돈된 정원이라 할 수 있는 거예요. 바로 이런 점 때문에 창덕궁 후원이 유네스코 세계 문화유산에 등록될 수 있었어요.

창덕궁 연표

연도	왕	월	내용
1404	태종4	9월	신하들을 보내 창덕궁 터를 살피게 했어요. 형제의 피가 묻은 경복궁 대신 사용할 궁궐이 필요했기 때문이에요.
		10월	지금 창덕궁 자리인 향교동에 궁궐을 짓기 시작했어요.
1405	태종5	10월	궁궐을 기본틀을 완성하고, 이름을 창덕궁이라고 했어요. 외전 74칸, 내전 118칸으로 완성됐지요.
1411	태종11	3월	궁궐 입구에 금천교를 만들었어요.
1412	태종12	5월	궁의 정문인 돈화문을 세웠어요. 이듬해에 돈화문에 큰 종을 걸었어요.
1418	세종(원)	9월	태종은 인정전을 수리하라고 명하고 직접 둘러보았어요. 세종은 경복궁 근정전에서 즉위했어요.
1459	세조5	9월	세조는 경복궁에 거처하면서 창덕궁 후원에 연못을 파게 했어요.
1461	세조7	11월	세자빈이 병이 들어 세조가 창덕궁으로 옮겨 왔어요.
1462	세조8	1월	담장을 넓히고 창덕궁 동북쪽에 있는 민가를 철거했어요. 지금의 창덕궁 경계를 확정했어요.
1475	성종6	8월	경복궁과 창덕궁의 작은 문들까지 이름을 붙였어요.
1494	성종25	12월	성종이 대조전에서 돌아가셨어요.
1496	연산2	8월	수문당이라는 건물이 소실돼서 재건 공사를 했어요. 숭문당이라는 건물의 이름을 희정당으로 바꾸었어요. 희정당은 수리한 후 신하들과 접견하는 편전으로 사용했어요.
1592	선조25	4월	임진왜란이 일어났어요. 이때 궁궐이 모두 불탔어요.
1603	선조36	2월	창덕궁 소나무 숲에서 호랑이가 사람을 물었어요.
1609	광해1	1월	창덕궁의 1차 복구공사가 끝나고 인정전에서 기념행사를 가졌어요.
1615	광해7	4월	광해군이 덕수궁에서 창덕궁으로 옮겨 왔어요.
1623	광해15		인조반정이 일어나면서 실수로 창덕궁 주요 전각들이 불탔어요. 인전정만 겨우 무사했어요.
1624	인조1	3월	이괄의 난이 일어났어요. 인조는 화재가 난 창덕궁을 수리하게 했어요.
1636	인조14		인조는 후원에 있는 넓은 바위 위에 구불구불한 물길을 만들었어요. 그리고 직접 옥류천이라는 글자를 써서 새겨 넣게 했어요. 옥류천을 파고 태극정, 청의정, 소요정 등의 정자를 지었어요.

1636	인조14	12월	병자호란 일어나 남한산성으로 피했어요.
1637	인조15	11월	인정전에서 청나라 사신에게 잔치를 베풀었어요.
1704	숙종30	5월	임진왜란 때 원군을 파견했던 명나라의 왕을 모시는 대보단을 만들었어요.
1771	영조47	11월	진선문 부근에 신문고를 설치했어요.
1776	정조(원)	12월	완성된 주합루에 친필 편액을 걸었어요.
1777	정조1	9월	인정전 앞뜰에 품계석을 두었어요.
1803	순조3	9월	인정전이 불타서 다음 해에 다시 지었어요.
1811	순조11	12월	예문관과 향실에 불이 나 많은 서적과 물건을 잃었어요.
1833	순조33	10월	내전에 큰 불이 나 대조전과 희정당을 비롯한 건물이 불에 탔어요. 이 건물들은 다음해 9월에 재건됐어요.
1847	헌종13		후궁 김씨를 위해 낙선재를 건립했어요.
1857	철종8		인정전 수리를 3년 만에 끝냈어요.
1863	고종(원)		고종이 창덕궁 인정전에서 즉위했어요.
1882	고종19	12월	임오군란이 일어나 군인들이 창덕궁을 침범했어요.
1907	융희1	11월	순종 황제가 창덕궁으로 옮겨 왔어요.
1908	융희2	5월	창덕궁 후원에서 학생 운동회가 열렸어요.
1908	융희2	11월	일본 사람들이 진선문을 철거했어요. 창덕궁의 모습을 의도적으로 훼손한 거예요.
1910	융희4	8월	8월 22일 인정전에서 강제로 한일합방이 체결됐어요.
1917		11월	대조전에서 불이 나 대조전을 비롯한 내전이 대부분 사라졌어요. 순종과 황후는 후원의 연경당으로 피신했어요.
1920		4월	창덕궁 중건 공사를 마쳤어요. 그런데 공사를 할 때 경복궁의 건물을 헐어서 보수했어요. 그래서 경복궁의 교태전, 강녕전 등 내전의 대부분이 철거됐지요. 이때 다시 지은 건물이 대조전, 희정당, 흥복헌, 경훈각, 함원정 등이에요.
1926		4월	4월 26일 순종이 대조전에서 돌아가셨어요.
1933		4월	영친왕과 그의 비 이방자 여사가 일본에서 돌아와 창덕궁으로 왔어요.
1963		11월	일본에서 귀국하지 못하던 영친왕과 이방자 여사가 창덕궁으로 돌아왔어요.
1966			순종의 계비 순정효 황후가 낙선재에서 돌아가셨어요.
1989		4월,5월	이방자 여사와 덕혜 옹주가 낙선재에서 돌아가셨어요.
1991~1999			창덕궁의 대대적인 복원 작업이 실시됐어요.
1997		12월	유네스코 세계 문화유산에 올랐어요.

창덕궁 주변 돌아보기

창덕궁을 재미있게 둘러보았나요? 재미있었어요? 창덕궁만 보고 집으로 돌아가기엔 너무 아쉽지요. 그렇다면 주변 유적들을 더 둘러보기로 해요. 창덕궁 주변에는 놓치지 말고 꼭 보아야 할 것들이 많이 있답니다. 그럼 무엇이 우리를 기다리고 있는지 볼까요?

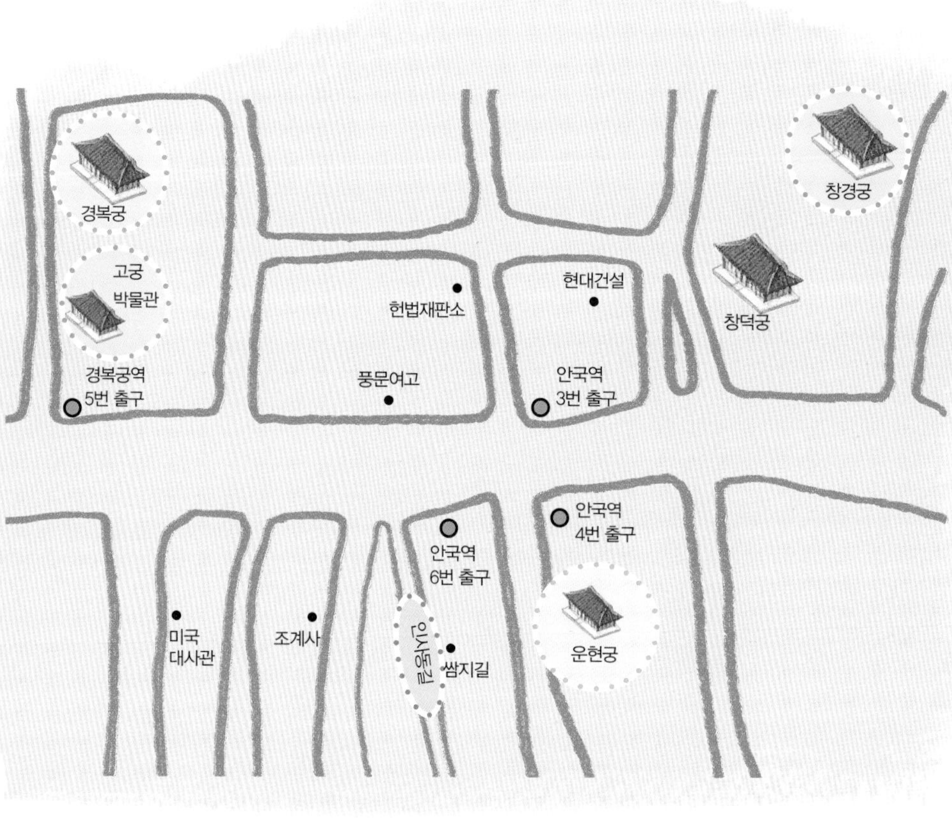

창경궁

창덕궁과 창경궁이 담장을 사이에 두고 마주하고 있다는 사실을 알고 있나요? 원래 창경궁은 왕을 위한 궁궐이 아니라 왕실의 웃어른을 모시기 위한 궁궐이에요. 창경궁을 더 알차게 둘러보고 싶다면 1시간 가량 진행되는 견학 프로그램을 이용해 보세요.

관람 시간 오전 9시~오후 9시 (마감 시간은 달라질 수 있어요.)
관람료 어린이 무료, 어른 1,000원
쉬는 날 매주 월요일
홈페이지 cgg.cha.go.kr

운현궁

운현궁은 고종의 아버지 흥선 대원군이 살던 곳이에요. 이 곳에서는 고종 대신 조선을 호령하고자 했던 흥선 대원군의 흔적이 곳곳에 배어 있지요. 운현궁을 돌아보다 보면 흥선 대원군이 어떤 정치를 펼쳤으며 당시의 정치적 상황이 어떠했는지 알 수 있을 거예요.

관람 시간 오전 9시~오후 7시
(마감 시간은 달라질 수 있어요.)
관람료 무료
쉬는 날 매주 월요일
홈페이지 www.unhyeongung.or.kr

경복궁

옛날 임금님은 어떻게 살았을까요? 조선 시대의 궁궐은 과연 어떤 모습이었을까요? 경복궁은 우리나라를 대표하는 궁궐이랍니다. 경복궁의 다양한 문화유산들이 우리를 기다리고 있을 거예요. 신비한 상상 속의 동물들과 아름다운 건축물들을 둘러보며 우리 조상들의 숨결도 느껴 보아요.

관람 시간 오전 9시~오후 6시
(기간에 따라 마감 시간이 달라요.)
관람료 어린이 무료, 어른 3,000원
쉬는 날 매주 화요일
홈페이지 www.royalppalace.go.kr

국립고궁박물관

경복궁 안 옛 국립중앙박물관 자리에 위치하고 있어요. 흩어진 궁중의 문화재를 한 곳에 모아 전시하고 보존하고 있답니다. 아름다운 궁중 유물들을 둘러보면서 우리 역사를 헤아려 보아요.

홈페이지 www.gogung.go.kr

인사동

우리나라를 대표하는 전통 문화의 거리예요. 옛날 책이나 도자기 등 전통 예술품을 맘껏 구경할 수 있고 화랑에서 미술품도 감상할 수 있어요. 전통 액세서리나 놀이기구, 오래된 장난감을 파는 가게도 있어요. 차 없는 거리로 변하는 주말에는 택견, 사물놀이, 즉석 공연 등 다양한 볼거리가 가득하니 꼭 들러 보세요.

나는 창덕궁 박사!

창덕궁 재미있게 둘러보았나요? 어때요? 그동안 들은 설명을 잊어버리지는 않았나요? 그럼 지금부터 기억을 되살려서 아래 문제들을 풀어 보세요.

1 알맞은 것끼리 연결해 보세요.

창덕궁에는 다양한 상징물들이 있어요. 이것들을 잘 살펴보고 알맞은 것끼리 연결해 보세요.

	품계석	화마를 제압하기 위해 용마루에 설치했어요.
	불로문	정일품부터 정구품까지 문무백관이 서는 자리를 표시하는 푯돌이에요.
	드므	금천교 아래에 있는 조각으로 잡귀를 물리친다고 하지요.
	귀면	이 문을 지나가면 늙지도 않고 죽지도 않는다고 해요.
	치미	화재를 대비해 큰 건물 앞에 물을 담아 놓은 그릇이에요.

2 빈 칸에 알맞은 낱말을 보기에서 골라 적어 보세요.

1) (　　　　)은 창덕궁에서 가장 오래된 건물이에요.

2) 궁궐은 임금이 (　　　　)를 보는 공간과 개인 (　　　　) 공간으로 분리되지요.

3) 왕비의 침전인 대조전은 일본 강점기 때 일본인들이 (　　　　)의 교태전 틀을 뜯어 지었어요.

보기

생활, 인정전, 집무, 경복궁

③ OX 퀴즈를 풀어 보세요.

창덕궁에 대한 다음 설명을 읽고 맞으면 O, 틀리면 X로 답하세요.

1) 창덕궁은 궁이에요. (　　　)
2) 창덕궁 선정전의 지붕은 청기와예요. (　　　)
3) 대조전의 지붕에는 반드시 용마루가 있어요. (　　　)
4) 낙선재는 단청이 아름다운 전각이에요. (　　　)
5) 부용정은 부채꼴 모양의 정자예요. (　　　)
6) 부용지의 둥근 섬은 둥근 하늘을 뜻해요. (　　　)
7) 연경당은 임금님의 침전이에요. (　　　)
8) 옥류천에 가면 인조 임금이 직접 쓴 옥류천(玉流川)이라는 글씨가 있어요. (　　　)

④ 창덕궁에 대해 정리해 보세요.

창덕궁은 세계 문화유산으로 지정된 아름다운 궁궐이에요. 창덕궁을 둘러본 소감과 앞으로 이곳을 지키기 위해 우리가 해야 하는 노력을 적어 보아요.

소감

1.

2.

3.

지키기 위한 노력

1.

2.

3.

정답은 56쪽에

창덕궁 지도를 만들어 보아요

창덕궁 잘 보셨나요? 궁궐 건물이 서로 비슷해서 조금 혼란스럽죠. 아름다운 창덕궁을 머릿속에 쏙 담기 위해서 창덕궁 지도를 만들어 보아요. 보았던 문화재를 다시 기억할 수 있고, 친구들에게 지도를 보며 창덕궁의 아름다움을 설명할 수 있어요.

1. 준비물을 챙기세요

창덕궁 지도, 창덕궁 답사 때 찍은 건물 사진, 도화지, 가위, 풀, 사인펜

2. 건물의 이름과 특징을 적어요

창덕궁을 돌아보는 동안 가장 인상 깊었던 건물이나 장소가 있을 거예요. 그곳의 목록을 적은 다음, 간단하게 설명을 덧붙이세요. 건물의 이름과 특징을 직접 적고 정리하면 오랫동안 기억할 수 있어요. 설명을 덧붙일 때 너무 길게 정리하면 지도가 복잡해지니까 간단하고 쉬운 말로 정리하세요.

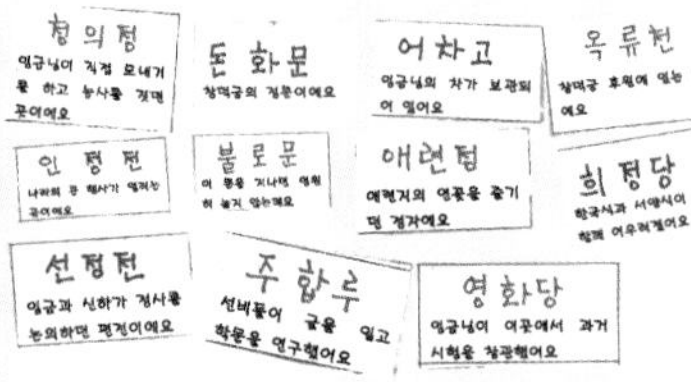

3. 창덕궁 사진을 준비해요

창덕궁 답사 때 구석구석 사진을 찍었을 거예요. 그 중에서 목록에 있는 사진을 작은 사이즈로 인쇄해요. 건물 크기가 2센티미터를 넘지 않게 해야 예쁜 지도를 만들 수 있어요. 칼라로 인쇄하기 어려우면 사진을 흑백도 괜찮아요. 혹시 그림 솜씨가 좋은가요? 그렇다면 그림을 그려도 색다른 느낌이 날 거예요.

4. 바탕을 그리고 사진을 붙여요

이 책의 '한눈에 보는 지도'를 보고 창덕궁의 바탕 지도를 그려요. 이때 너무 진한 색을 쓰거나 한 가지 색만 쓰면 단조로워질 수 있으니 개성을 듬뿍 살려 그리세요. 그리고 오려 놓은 창덕궁 사진을 정확한 위치에 붙이세요. 건물의 위치가 떠오르지 않으면 지도를 보고 붙여도 괜찮아요. 각 건물의 특징을 잘 생각하면서 붙이면 창덕궁의 모습이 한눈에 그려질 거예요.

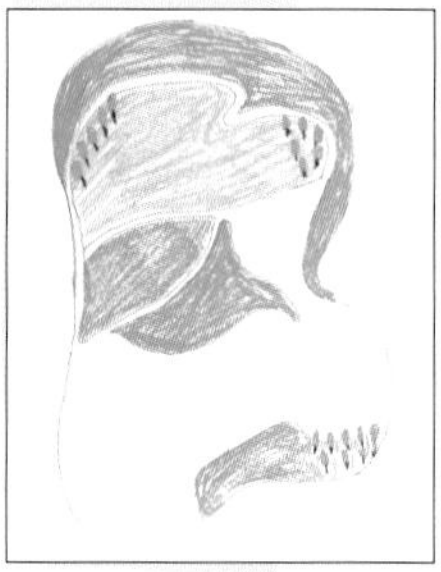

5. 설명을 붙여요

사진 옆에 건물을 설명하는 카드를 붙이세요. 그 건물에서 있었던 옛 이야기가 떠오르면 간단하게 메모를 덧붙여도 좋아요. 사진 옆에 공간이 있으면 바로 옆에 붙이고, 공간이 없으면 서로 번호를 붙이거나, 선긋기로 연결해도 괜찮아요.

내가 만든 창덕궁 지도

지도 꾸미기
지도를 완성하고 나면 왠지 허전해 보이는 곳이 있을 거예요. 그곳에 나무나 꽃 바위 혹은 지나가는 사람을 그려 보세요. 보는 사람이 씽긋 웃을 수 있게요.

지도 그리기
궁궐이나 유적지에 가면 정문 근처에 안내도가 있을 거예요. 안내도는 창덕궁을 이해하는 데 필요하니 꼭 챙기세요. 지도의 바탕을 그리는 데도 도움이 될 거예요.

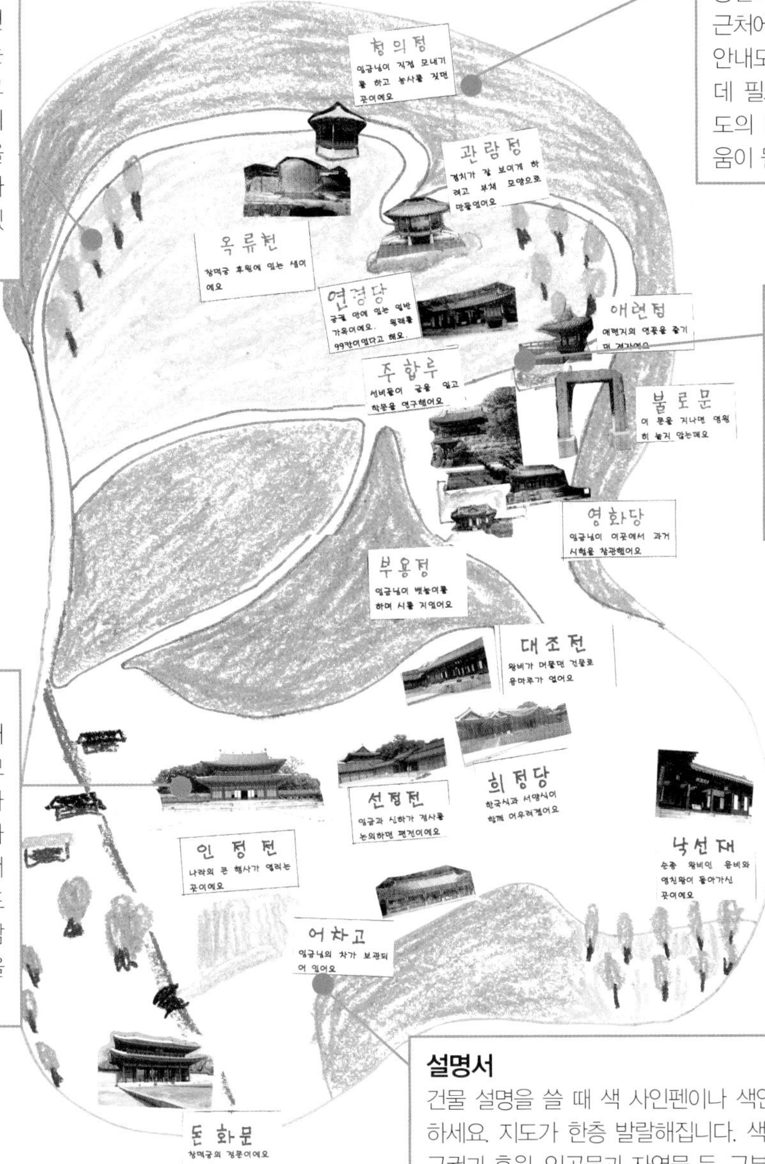

자연물 표시하기
호수나 바위, 큰 나무 같은 자연물을 미리 지도에 표시해 두세요. 그래야 건물의 위치를 쉽게 찾을 수 있어요.

사진 붙이기
인쇄한 사진을 모양대로 오려 보세요. 네모반듯한 사진만 다닥다닥 붙어 있는 것보다 생동감이 있어요. 너무 예쁘게 만든 지도보다 개성이 듬뿍 담긴 지도가 더 눈길을 끌어요.

설명서
건물 설명을 쓸 때 색 사인펜이나 색연필을 사용하세요. 지도가 한층 발랄해집니다. 색을 쓸 때는 궁궐과 후원, 인공물과 자연물 등, 구분해야 할 항목을 정해두면 훨씬 편리해요. 사진과 설명 사이가 멀어지면 선으로 연결하세요.

정답

여기서 잠깐!

15쪽 1. ❷ 2. ❶

23쪽 ❷

24쪽 1. 해치, 정의
2. 연꽃, 군자
3. 드므, 불, 물

31쪽
- 중국의 이화원 : 정원에 크고 화려한 자연을 인공적으로 만들었어요. 건물과 연못의 규모가 크고 웅장해요.
- 창덕궁 후원 : 인공적인 요소를 최대한 줄이고 바위나 개울같은 자연을 그대로 빌려 왔어요. 자연 속에 누각을 지어 풍류를 즐겼어요.
- 일본의 료안지 : 자연을 상징적으로 축소해 마당에 옮겨 놓았어요. 강과 바다를 본뜬 작은 연못과 작은 나무들로 꾸몄어요.

32쪽 물, 물고기, 신하, 왕, 왕, 신하

36쪽

42쪽

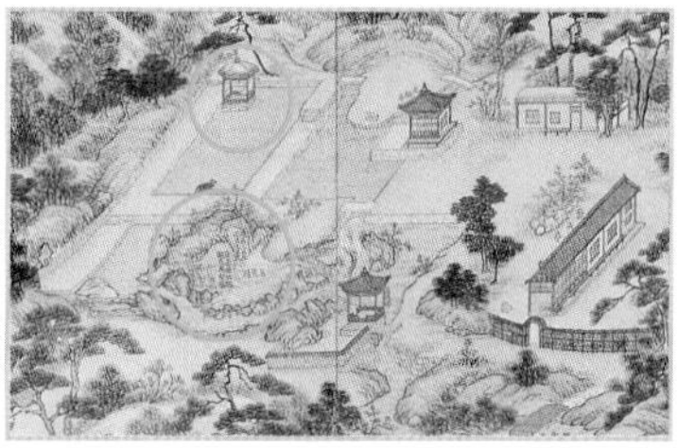

44쪽

나는 창덕궁 박사!

❶ 알맞은 것끼리 연결해 보세요.

창덕궁에는 다양한 상징물들이 있어요. 이것들을 잘 살펴보고 알맞은 것끼리 연결해 보세요.

❷ 빈 칸에 알맞은 낱말을 보기에서 골라 적어 보세요.

창덕궁에는 다양한 상징물들이 있어요. 이것들을 잘 살펴보고 알맞은 것끼리 연결해 보세요.

1) (인정전)은 창덕궁에서 가장 오래된 건물이에요.

2) 궁궐은 임금이 (집무)를 보는 공간과 개인 (생활) 공간으로 분리되지요.

3) 왕비의 침전인 대조전은 일본 강점기 때 일본인들이 (경복궁)의 교태전 틀을 뜯어 지었어요.

❸ OX 퀴즈를 풀어 보세요.

창덕궁에 대한 다음 설명을 읽고 맞으면 O, 틀리면 X로 답하세요.

1) 창덕궁은 궁이에요. (X)

2) 창덕궁 선정전의 지붕은 청기와예요. (O)

3) 대조전의 지붕에는 반드시 용마루가 있어요. (X)

4) 낙선재는 단청이 아름다운 전각이에요. (X)

5) 부용정은 부채꼴 모양의 정자예요. (X)

6) 부용지의 둥근 섬은 둥근 하늘을 뜻해요. (O)

7) 연경당은 임금님의 침전이에요. (X)

8) 옥류천에 가면 인조 임금이 직접 쓴 옥류천(玉流川)이라는 글씨가 있어요. (O)

❸ 창덕궁에 대해 정리해 보세요.

창덕궁은 세계 문화유산으로 지정된 아름다운 궁궐이에요. 창덕궁을 둘러본 소감과 앞으로 이곳을 지키기 위해 우리가 해야 하는 노력을 적어 보아요.

소감 예) 1. 사람과 자연은 조화를 이룰 때 아름다워요.
2. 국력을 키워야 문화유산을 지킬 수 있어요.

지키기 위한 노력
예) 1. 문화재를 함부로 만지거나 올라가지 않아요.
2. 문화재에 대해 많이 공부하고 이해해요.

초등학교 교과서와 관련된 학년별 현장 체험학습 추천 장소

1학년 1학기 (21곳)	1학년 2학기 (18곳)	2학년 1학기 (21곳)	2학년 2학기 (25곳)	3학년 1학기 (31곳)	3학년 2학기 (37곳)
철도박물관	농촌 체험	소방서와 경찰서	소방서와 경찰서	경희대자연사박물관	IT월드(과천정보나라)
소방서와 경찰서	광릉	서울대공원 동물원	서울대공원 동물원	광릉수목원	강원도
시민안전체험관	홍릉 산림과학관	농촌 체험	강릉단오제	국립민속박물관	경희대자연사박물관
천마산	소방서와 경찰서	천마산	천마산	국립서울과학관	광릉수목원
서울대공원 동물원	월드컵공원	남산골 한옥마을	월드컵공원	국립중앙박물관	국립경주박물관
농촌 체험	시민안전체험관	한국민속촌	남산골 한옥마을	기상청	국립고궁박물관
코엑스 아쿠아리움	서울대공원 동물원	국립서울과학관	한국민속촌	서대문자연사박물관	국립국악박물관
선유도공원	우포늪	서울숲	농촌 체험	선유도공원	국립부여박물관
양재천	철새	갯벌	서울숲	시장 체험	국립서울과학관
한강	코엑스 아쿠아리움	양재천	양재천	신문박물관	남산
에버랜드	짚풀생활사박물관	동굴	선유도공원	경상북도	남산골 한옥마을
서울숲	국악박물관	고성 공룡박물관	불국사와 석굴암	양재천	롯데월드 민속박물관
갯벌	천문대	코엑스 아쿠아리움	국립중앙박물관	경기도	국립민속박물관
고성 공룡박물관	자연생태박물관	옹기민속박물관	국립민속박물관	이화여대자연사박물관	삼성어린이박물관
서대문자연사박물관	세종문화회관	기상청	전쟁기념관	전쟁기념관	서대문자연사박물관
옹기민속박물관	예술의 전당	시장 체험	판소리	천마산	선유도공원
어린이 교통공원	어린이대공원	에버랜드	DMZ	한강	소방서와 경찰서
어린이 도서관	서울놀이마당	경복궁	시장 체험	화폐금융박물관	시민안전체험관
서울대공원		강릉단오제	광릉	호림박물관	경상북도
남산자연공원		몽촌역사관	홍릉 산림과학관	홍릉 산림과학관	월드컵공원
삼성어린이박물관		국립현대미술관	국립현충원	우포늪	육군사관학교
			국립4·19묘지	소나무 극장	해군사관학교
			지구촌민속박물관	예지원	공군사관학교
			우정박물관	자운서원	철도박물관
			한국통신박물관	서울타워	이화여대자연사박물관
				국립중앙과학관	제주도
				엑스포과학공원	천마산
				올림픽공원	천문대
				전라남도	태백석탄박물관
				경상남도	판소리박물관
				허준박물관	한국민속촌
					임진각
					오두산 통일전망대
					한국천문연구원
					종이미술박물관
					짚풀생활사박물관
					토탈야외미술관

4학년 1학기 (34곳)	4학년 2학기 (56곳)	5학년 1학기 (35곳)	5학년 2학기 (51곳)	6학년 1학기 (36곳)	6학년 2학기 (39곳)
강화도	IT월드(과천정보나라)	갯벌	IT월드(과천정보나라)	경기도박물관	IT월드(과천정보나라)
갯벌	강화도	광릉수목원	강원도	경복궁	KBS 방송국
경희대자연사박물관	경기도박물관	국립민속박물관	경기도박물관	덕수궁과 정동	경기도박물관
광릉수목원	경복궁 / 경상북도	국립중앙박물관	경복궁	경상북도	경복궁
국립서울과학관	경주역사유적지구	기상청	덕수궁과 정동	고성 공룡박물관	경희대자연사박물관
기상청	경희대자연사박물관	남산골 한옥마을	경상북도	국립민속박물관	광릉수목원
농촌 체험	고창, 화순, 강화 고인돌유적	농업박물관	경희대자연사박물관	국립서울과학관	국립민속박물관
서대문자연사박물관	전라북도	농촌 체험	고인쇄박물관	국립중앙박물관	국립중앙박물관
서대문형무소역사관	고성 공룡박물관	서울국립과학관	충청도	농업박물관	국회의사당
서울역사박물관	충청도	서울대공원 동물원	광릉수목원	롯데월드 민속박물관	기상청
소방서와 경찰서	국립경주박물관	서울숲	국립공주박물관	몽촌토성과 풍납토성	남산
수원화성	국립민속박물관	서울시청	국립경주박물관	민주화현장	남산골 한옥마을
시장 체험	국립부여박물관	서울역사박물관	국립고궁박물관	백범기념관	대법원
경상북도	국립서울과학관	시민안전체험관	국립민속박물관	서대문자연사박물관	대학로
양재천	국립중앙박물관	경상북도	국립서울과학관	서대문형무소 역사관	민주화 현장
옹기민속박물관	국립국악박물관 / 남산	양재천	국립중앙박물관	서울역사박물관	백범기념관
월드컵공원	남산골 한옥마을	강원도	남산골 한옥마을	조선의 왕릉	아인스월드
철도박물관	농업박물관 / 대법원	월드컵공원	농업박물관	성균관	서대문자연사박물관
이화여대자연사박물관	대학로	유명산	롯데월드 민속박물관	시민안전체험관	국립서울과학관
천마산	롯데월드 민속박물관	제주도	충청도	경상북도	서울숲
천문대	몽촌토성과 풍납토성	짚풀생활사박물관	서대문자연사박물관	암사동 선사주거지	신문박물관
철새	불국사와 석굴암	천마산	성균관	운현궁과 인사동	양재천
홍릉 산림과학관	서대문자연사박물관	한강	세종대왕기념관	전쟁기념관	월드컵공원
화폐금융박물관	서울대공원 동물원	한국민속촌	수원화성	천문대	육군사관학교
선유도공원	서울숲	호림박물관	시민안전체험관	철새	이화여대자연사박물관
독립공원	서울역사박물관	홍릉 산림과학관	시장 체험 / 신문박물관	청계천	중남미박물관
탑골공원	조선의 왕릉	하회마을	경기도	짚풀생활사박물관	짚풀생활사박물관
신문박물관	세종대왕기념관	대법원	강원도	태백석탄박물관	창덕궁
서울시의회	수원화성	김치박물관	경상북도	해인사 고려대장경과 장경판전	천문대
선거관리위원회	승정원 일기 / 양재천	난지하수처리사업소	옹기민속박물관	호림박물관	우포늪
소양댐	옹기민속박물관	농촌, 어촌, 산촌 마을	운현궁과 인사동	유니세프 한국위원회	판소리박물관
서남하수처리사업소	월드컵공원	들꽃수목원	육군사관학교	무령왕릉	한강
중랑구재활용센터	육군사관학교	정보나라	이화여대자연사박물관	현충사	홍릉 산림과학관
중랑하수처리사업소	철도박물관	드림랜드	전라북도	덕포진교육박물관	화폐금융박물관
	이화여대자연사박물관	국립극장	전쟁박물관	서울대학교 의학박물관	훈민정음
	조선왕조실록 / 종묘		창경궁 / 천마산	상수허브랜드	상수도연구소
	종묘제례		천문대		한국자원공사
	창경궁 / 창덕궁		태백석탄박물관		동대문소방서
	천문대 / 청계천		한강		중앙119구조대
	태백석탄박물관		한국민속촌		
	판소리 / 한강		해인사 고려대장경과 장경판전		
	한국민속촌		화폐금융박물관		
	해인사 고려대장경과 장경판전		중남미문화원		
	호림박물관		첨성대		
	화폐금융박물관		절두산순교성지		
	훈민정음		천도교 중앙대교당		
	온양민속박물관		한국에너지기술연구원		
	아인스월드		한국자수박물관		
			초전섬유퀼트박물관		

숙제를 돕는 사진

돈화문

관람정

소요정

영화당

인정전

존덕정

숙제를 돕는 사진

낙선재 화계

부용정

부용지

애련정

주합루